LETTRE
SVR LA CONSTANCE
ET LE COVRAGE
Q'VON DOIT AVOIR
POVR LA VERITE'.

AVEC
LES SENTIMENS DE S. BERNARD, sur l'obeïssance qu'on est obligé de rendre aux Superieurs, & sur le discernement qu'on doit faire de ce qu'ils commandent.

Tirés de sa VII. Lettre.

M. DC. LXI.

LETTRE SVR LA CONSTANCE ET LE courage qu'on doit auoir pour la verité.

L'Amour constant que vous auez pour la verité me donne vne ioye que ie ne vous puis expliquer, & me porte à remercier Dieu pour vous de tout mon cœur, & à luy demander la grace qu'il me fasse profiter comme ie dois de vostre exemple.

Si nostre Seigneur n'a pitié de nous, la tentation si étrange & si incroyable qui s'est debordée comme vn torrent, & qui innonde quasi toute la face de l'Eglise, ne renuersera & n'entraisnera pas seulement des Roseaux & des Buissons, mais encore des Pins & des Cedres. Il n'y aura que ceux dont la racine est espanduë & appuyée sur l'immobilité de la pierre qui est Iesus-Christ, qui ne pourront estre renuersez. Les arbres qui n'auront leurs racines que dans le sable mouuant, seront déracinez & abbatus tres facilement. Ce sable mouvant est la confiance en ses propres resolutions, & en ses propres forces. Pourueu que nous demeurions dans ce tremblement que vous marquez en vostre lettre, & qu'estant debout nous apprehendions tousiours de tomber; pourveu que nous mettions toute nostre confiance en Iesus-Christ, & que nous nous attachions constamment à luy comme à nostre vnique fondement, à nostre vnique appuy, à nostre vnique force, à nostre vnique deffense, nous serons tousiours assez fermes. Mais si nous nous fions à nous mesmes, soit par vne présomption visible, soit par vn secret amour propre; si nous sommes assez inprudens pour nous appuyer sur le Roseau, nous ne serons qu'inconstance, que foiblesse, que fragilité : & nous aurons la honte d'auoir esté plus que des hommes au commencement par nos genereuses resolutions, & d'estre moins que des femmes dans la suite par nos lasches condescendances.

Il faut donc que nous trauaillions soigneusement à nous établir sur vn fondement qui ne soit point ruineux, sur ce bon fondement qui demeure tousiours inébranlable selon ces paroles de l'apostre: *Firmum fundamentum Dei stat.* Armons nous des armes de Dieu, des armes de la lumiere, de la iustice de la foy, de l'esprit, que cet Apostre nous recommande; afin de pouuoir resister auec succez à nostre ennemy, & de pouuoir vaincre sa malice si opiniastre & si artificieuse. Si nous sommes affermis dans la Foy, ne nous éleuons point par vne bonne opinion de nous mesmes au dessus de ceux qui sont foibles, au dessus de ceux qui vacilent & qui chancellent. Ayons tousiours cette crainte

2. Timot. 2.19.

& cette deffiance de nous mémes qui ne sont point contraires à la force Euangelique & à la generosité Chrestienne, mais qui la soûtiennent & qui la conseruent.

Aprés la priere à laquelle nous deuons nous appliquer incessamment il n'y a point de moyen plus puissant, pour se fortifier & s'encourager que la lecture de ce qu'ont fait & de ce qu'ont escrit les Saints Peres dans l'occasion des tempestes & des persecutions qui ont agité l'Eglise Mais entre tous vn seul peut nous suffire abondamment, & nous tenir lieu de tous les autres pour ce dessein particulier d'estre fortifiez & encouragez, sçauoir l'admirable & l'incomparable S. Cyprien. Comme Dieu a mis dans chacun des Peres selon les occurrences & les differens besoins de l'Eglise, des talens singuliers & des lumieres speciales pour la seruir & pour la deffendre, il semble qu'il ait mis principalement & par excellence dans cet Heroïque Martyr, la fermeté & la generosité sacerdotale & Episcopale; afin qu'elle fust en sa personne vn exemple que les Ecclesiastiques considerassent & suiuissent dans tous les siecles. Il faut donc s'exciter par la lecture des Escrits si eloquens & si forts de ce grand Saint, à cette disposition d'intrépidité que doiuent auoir les vrays Chrestiens, & principalement les vrais Ecclesiastiques. Le feu si ardant & si vif que l'on trouue dans les discours de ce Saint, est capable d'échauffer les plus froids, d'animer les plus lasches; d'éclairer les plus aueugles. Mais ce qui refroidit, ce qui affoiblit, ce qui aueugle principalement ce sont les interests de la terre & les considerations humaines, ces considerations & ces interests sont vn obstacle à la clair voyance & à la generosité que nulles raisons ne sçauroient vaincre. Saint Cyprien dit d'admirables choses sur ce suiet Il montre que la cause de la chute déplorable d'vn grand nombre de Chrestiens, & mesme de Prestres & d'Euesques, qui arriua de son temps durant vne violente persecution, ne fut que l'amour de richesses & des delices, & que le desir de se conseruer selon le siecle: & il fait voir excellemment que ceux qui ne furent point capables de resister à l'auarice & à la volupté, ny aux interests de cette vie, ne purent estre capables de surmonter ny les douleurs ny les menaces. Il dit que l'ennemy capital de la verité est vn serpent qui rampe sur la terre, & qu'il est impossible que ceux qui s'y attachent, & qui ne s'éleuent pas au dessus, se garantissent d'en estre mordus & déuorez; & qu'au contraire ce serpent n'a point de pouuoir sur ceux qui ne rampent point auec luy, & qui se tiennent elevez. Le passage, où ce Pere met cette pensée est si digne d'estre consideré, & il est si beau, que

S. Cyp. de Lap. „ ie veux vous donner le plaisir de le voir icy. Mes Freres, dit ces illustre Martyr il ne faut point dissimuler la verité, ny cacher par le silen„ce le suiet & la cause de nostre playe. Plusieurs se laissent tromper „ par l'amour aueugle des biens qu'ils possedent; & ceux que leurs richesses tiennent attachez comme le sont des criminels dans des,, prisons n'ont pû estre en estat & en liberté de se retirer pour n'estre,, point solicitez à l'infidelité. Sans doute ces possessions ont esté des,, liens, elles ont esté des chaisnes à ceux qui sont demeurez dans l'oc-,, casion du crime. C'a esté par ces chaisnes pesantes que la vertu a,, esté arrestée; que la Foy a esté opprimée; que l'esprit a esté lié; que,, l'ame a esté faite captiue: en sorte que ceux qui ont esté attachez aux,, cupiditez basses & terrestres, sont deuenus la viande & la proye de,, ce serpent que Dieu condamna dez l'origine du monde à ramper,, sur la terre. C'est pourquoy nostre Seigneur qui est le souuerain,, Docteur des Fidelles, leur voulant donner des auertissemens &,, des conseils pour l'auenir, dit dans l'Euangile: Si vous voulez estre,, parfait, allez vendre tous vos biens & les donnez aux pauures, afin,, de posseder vn tresor dans le Ciel: & aprés venez & me suiuez. Si,, les riches pratiquoient ce conseil, ils ne periroient point par leurs ri-,, chesses. S'ils mettoient leur tresor en reserue dans le Ciel, ils n'au-,, roient pas cet ennemy domestique qui leur fait maintenant si cruelle-,, ment la guerre. Ils n'auroient aucun sentiment pour les choses du,, monde. Leur cœur & leur esprit seroient dans le Ciel, si leur tre-,, sor estoit dans le Ciel. Celuy qui n'auroit plus rien dans le siecle dont,, l'ennemy se pust seruir à le vaincre, ne pourroit estre vaincu par le,, siecle. Il suiuroit nostre Seigneur estant tout libre & tout degagé,,, comme ont fait les Apostres, & comme ont fait beaucoup d'autres,, personnes à l'exemple des Apostres, & comme ont fait ceux lesquels,, renonçant à leurs biens & à leurs parens se sont attachez à Iesus-,, Christ par des liens qui les en ont rendu inseparables. Comment,, ceux qui sont retenus par leur patrimoine comme par des liens, peu-,, uent ils suiure Iesus-Christ? Et comment ceux qui sont appesantis,, par les cupiditez de la terre peuuent ils tendre au Ciel & s'éleuer à,, ce qu'il y a de plus haut. Ils s'imaginent posseder leurs richesses: mais,, ils en sont plustost possedez. Leurs reuenus les tiennent en vne hon-,, teuse seruitude: & au lieu d'estre les maistres de leur bien, ils en,, sont plustost les esclaues. l'Apostre a designé le temps où nous,, sommes & ces sortes de personnes, lors qu'il a dit: Ceux qui veu-,, lent deuenir riches tombent dans la tentation & dans le piege, &,, dans beaucoup de desirs inutiles & dommageables qui precipitent,, les hommes dans leur perte & dans leur ruine: car la cupidité est la,, racine de toutes sortes de maux: & plusieurs l'ayant suiuie ont fait,, naufrage en la Foy & se sont iettez en diuerses afflictions.

Cette pensée du serpent qui rampe & qui dévore les ames qu'il trouve attachées à la terre, est merueilleuse, & elle se rapporte à vne autre pensée de Saint Augustin, dans vn endroit, où il dit, que le demon persecute l'Eglise, tantost en lion rugissant, & tantost en

Enarr. in Psal. 39.

serpent artificieux. Il l'a persécuté en lion, lors qu'il exerce ses cruautez & sa rage par l'effusion du sang : & il l'a persécuté en serpent, lors qu'au lieu de vouloir forcer ouvertement à renoncer à Iesus-Christ, il veut persuader adroitement, & enseigner cette abominable renonciation, en s'efforçant de la faire passer pour vne veritable confession de Iesus-Christ; en voulant faire vne doctrine plausible d vne doctrine damnable, & donnant à ses enseignemens vne couleur & vne forme toute contraire à ce qu'ils sont effectivement. Mais soit qu'il trauaille à persuader adroitement de renoncer à Iesus-Christ, ou qu'il force à cette renonciation déclarément par ses cruautez, il est tousiours également odieux, & il n'est pas moins dangereux & moins envenimé, quand il prend la forme d'vn Docteur, & qu'il se couvre des pretextes de la Religion, que lors qu'il agissoit en Tyran, & qu'il se monstroit auec toute la fureur dont il est capable.

Mais les vrais seruiteurs de Dieu qui se tiennent attachez à sa protection, & qui combattent par la force qu'il leur communique, & auec les armes qu'il leur met entre les mains, sont tousiours en estat de se deffendre de cet ennemy; de luy resister auec vn glorieux succez de le détourner de ses embusches, quelques stratagemes qu'il mette en vsage, ou quelques cruautez qu'il exerce contre-eux, par quelque forme qu'il se déguise, ou qu'il veüille les épouuenter, selon cette promesse que Dieu leur a faitte dans sa parole : Vous marcherez sur l'aspic & sur le basilic, & vous foulerez aux pieds le lion & le dragon.

D. Cip. Epist. 55. *Nostre ennemy ne nous fera point de mal s'il ne nous fait point de peur : & nous aurons la force de le vaincre, si nous auons le „ courage de luy resister.* Que l'esprit de la crainte du Seigneur vous „ remplisse, dit S. Bernard, & vne crainte etrangére & illégitime „ n'aura point de place dans vos cœurs. Ie vous le dis auec asseurance, „ aioûte ce Pere, parce que ce n'est pas moy, mais la verité mesme „ qui vous le dit. Ce n'est pas moy, mais c'est le Seigneur. Ne crai- „ gnez point, dit ce Seigneur, ceux qui font mourir le corps, & „ qui n'ont aucun pouuoir de nuire à vos ames. Craignez celuy qui „ a la puissance de ietter vos ames dans les tourmens éternels. Ie vous „ le repete, c'est celuy-là que vous deuez craindre: comme si nostre „ Sauueur (obserue ce Pere) vouloit dire: Craignez celuy là, pour „ ne point craindre les autres. Ne vous mettez point en colere con- „ tre ceux qui vous ostent les biens passagers; qui vous font des in- „ iustices & des outrages; qui vous font souffrir des supplices, & qui „ ne peuuent plus, aprés cela, rien faire contre vous. Ie vous vais „ montrer contre qui vous deuez exercer vostre colere. Mettez vous „ en colere contre vne chose qui seule est capable de vous nuire, qui „ seule est capable de faire que tout ce que vous souffrez, ne vous profite

profite en aucune sorte. Voulez vous sçauoir quel est cet obiet si ,,
legitime de vostre colere? C'est vostre propre iniquité. C'est con- ,,
tre cet ennemy que ie vous exhorte de vous mettre en colere : *car* ,,
nulle aduersité ne vous pourra nuire si nulle iniquité ne domine point ,,
sur vous. Celuy qui se fasche contre cet ennemy d'vne maniere ,,
toute sainte & toute parfaite, n'est jamais troublé ny émeu par ,,
les autres choses fascheuses qui se peuvent presenter à luy : mais ,,
il les embrasse plustost auec paix & tranquilité d'esprit. Ie suis pre- ,,
paré, dit le Prophete, à tous les fleaux qui me peuuent arriuer. ,,
Qu'il m'arriue quelques dommages que ce soient : qu'on me blesse en ,,
mon corps, ie suis preparé à le souffrir : ie n'en suis nullement trou- ,,
blé; parceque la douleur que mes péchez me doiuent donner m'est ,,
tousiours toute presente. Pourquoy ne mépriseray-ie pas toutes ,,
les afflictions exterieures en comparaison de cette douleur interieure ,,
qui doit occuper toute nostre ame? Pendant que mon propre fils me ,,
persecute, dit le Roy Prophete, me fascherois-ie contre vn serui- ,,
teur qui me dit des iniures? Pendant que ie me voy priué des biens ,,
de l'ame; que ie me voy destitué de toute vertu; & que la lumiere ,,
qui éclairoit les yeux de mon cœur est éloignée de moy, pleurerois- ,,
ie quelques pertes temporelles, & ferois-ie quelque estat des incom- ,,
moditez qui ne regardent que le corps?

Quand on est dans cette disposition, non seulement on s'établit ,,
dans vne patience & vne douceur à laquelle le souffle ardent & im- ,,
petueux du dragon ne sçauroit nuire mais il se forme encore dans ,,
le cœur vne force & vne magnanimité qui fait que les rugissemens ,,
du lion ne nous sçauroient épouuenter. Vostre aduersaire, dit S. ,,
Pierre, est cõme vn lion rugissant. Graces au lion victorieux & diuin ,,
de la tribu de Iuda, ce lion rugissant & furieux ne nous sçauroit dé- ,,
uorer. Il ne peut pas mesme nous faire de playe. Il peut continuelle- ,,
ment rugir. Mais qu'il rugisse tant qu'il voudra, les ouailles fidelles de ,,
Iesus-Christ n'ont qu'à perseuerer dãs leur courage & à ne point fuir ,,
laschement, lors qu'elles sont obligées à demeurer fermes. Combien ,,
ce lion fait-il de menaces? Combien exagere-t-il les perils & les maux ,,
où l'on peut tomber? Combien tasche-t-il de les agrandir dans l'ima- ,,
gination des hommes? Combien s'efforce-t-il de nous épouuen- ,,
ter? Mais n'imitons pas, à son égard, la lascheté & la peur qu'ont ,,
les bestes deuant les lions, afin que ce rugissement qui n'est ,,
qu'vn vain bruit incapable de nous nuire par luy mesme, ne puisse ia- ,,
mais nous abbattre. Car ceux qui ont examiné, auec plus de curio- ,,
sité, les proprietez des animaux, rapportent que nulle beste n'est ,,
assez hardie pour demeurer ferme, quand elle entend le rugissement ,,
du lion, non pas mesme celles qui resistent auec le plus de force & ,,
de courage contre ses attaques; & qu'il arriue souuent qu'vne beste ,,

„ qui ne peut resister au rugissement du lion, ne laisse pas de le surmonter, lors qu'elle en est effectiuement attaquée. Ce sont veritablement des bestes, ce sont des hommes tout a fait priuez de raison, que ceux dont le courage est si foible que de se laisser vaincre par la seule crainte, & de se laisser tellement surmonter par la seule exageration d'vne peine qui n'est pas encore arriuée, qu'ils soient abbatus avant le combat, non par des coups de fléches, puis qu'on n'en a pas encore tiré, mais par le seul bruit de la trompette. Vous n'auez pas encore resisté iusques au sang, disoit ce chef si genereux qui connoissoit combien estoit vain & peu digne d'estre craint le rugissement de ce lion. Et vn autre Apostre nous donne cet auertissement: Resistez au demon & il s'enfuira de vous. Voila comme parle S. Bernard aprés S. Cyprien & S. Augustin sur le sujet de cet ennemy qui prend toutes sortes de formes, & qui employe toutes sortes d'artifices & d'efforts, toutes sortes de ruses & de violences pour nous surprendre, & nous surmonter. Mais ne nous prostituons pas à ses desirs. Ne nous abandonnons pas à ses desseins. Ne nous laissons pas tomber dans le précipice, quoy que cet ennemy se serve de nos amis, de nos peres, de nos freres, de nos Superieurs, de toutes les puissances de la terre, de tous les pretextes que sa malice & nostre cupidité luy peuuent fournir, de tout ce qu'il y a de plus specieux, de tout ce qu'il y a de plus formidable dans le monde pour nous y pousser.

S. Cyp. Epist. 55. „ Si nous sommes réduits, mon tres-cher Frere, dit Saint Cyprien au Pape Corneille, à craindre l'audace des plus méchans, & s'ils accomplissent par leur temerité & leur desespoir ce qu'ils ne sçauroient jamais faire par la justice & par l'équité, la vigueur de l'Episcopat est aneantie, & la puissance sublime & divine que nous avons de gouuerner l'Eglise est ruinée, & nous ne pouvons plus demeurer Chrestiens, si nous sommes arrivez à vne telle lascheté que de craindre les menaces & les embusches de ceux qui s'abandõnent à leurs passions. Les Infidelles, les Iuifs & les Hérétiques nous menacent: & tous ceux dont Satan obséde l'esprit & le cœur temoignent tous les iours leur rage envenimée par leurs paroles furieuses. Il ne faut pas neanmoins pour cela ceder à cause qu'on nous menace. Et celuy qui est nostre adversaire & nostre ennemy n'est pas plus grand que Iesus-Christ, quelque pouvoir qu'il s'attribuë & qu'il vsurpe dans le siécle. La vigueur de la Foy, mon tres-cher Frere, doit demeurer immobile parmy nous: & nostre vertu doit estre cõstante & inébranlable contre toutes sortes d'efforts & d'attaques, & doit resister à toutes les tempestes que l'on suscite contre-elle, comme vn rocher arreste l'impetuosité des flots par sa grãde masse & sa dureté. Et vn Evesque ne doit point considerer de quelle part viennent ou les menaces ou les perils, puis que ſa condition l'y tenant touſiours exposé, au lieu d'en recevoir quel-„ que preiudice, il n'en doit tirer que des avantages & de la gloire. Il „ eſt certain que ce n'eſt pas ſeulement aux menaces qui peuvent venir „ de la part des Infidelles ou des Iuifs que nous devons nous tenir pre- „ parez, puis que nous voyons que noſtre Seigneur meſme à eſté mis „ entre les mains des bourreaux par ſes propres freres, & a eſté trahy „ par celuy meſme qu'il avoit mis au rang de ſes Apoſtres. Au com-„ mencement du monde Abel le iuste fut tué par ſon propre frere. Ia- „ cob eſtant fugitif fut pourſuivy par ſon frere qui le haïſſoit. Ioſeph „ eſtant encore fort ieune fut vendu par ſes freres. Nous liſons dans „ l'Evangile que noſtre Seigneur predit que ce ſeront ceux de noſtre „ famille qui deviendront nos plus grands ennemis, & que ceux qui „ ſeront vnis par les liens les plus eſtroits & les plus inviolables ſe tra- „ hiront les vns les autres. Il ne nous importe par qui nous ſoyons tra- „ his & traittez cruellement, puis que Dieu veut permettre que l'on „ trahiſſe ceux qu'il à réſolu de couronner. *Ce ne nous eſt pas vne igno- „ minie de ſouffrir par nos freres ce que Ieſus-Chriſt à ſouffert : & ce ne „ leur eſt pas vne gloire de faire ce que Iudas à fait.* „

Nous voyons dans ces excellentes paroles de S. Cyprien la regle & le modelle de la conſtance & de la fermeté que nous ſommes obligez d'avoir à l'égard des traittemens les plus iniuſtes, les plus outrageux, & les plus cruels que nous pourrions ſouffrir. Mais afin que cette conſtance & cette fermeté ſoient tout à fait Chreſtiennes & Sacerdotales, il faut que nous les accompagnions touſiours d'vne douceur, & d'vne patience qui ſoient vne image de celle que Ieſus-Chriſt à iointe au zele qu'il avoit contre les pecheurs. Il faut que nous compatiſſions à l'aveuglement & aux égaremens de nos freres avec vne charité toute ſincere, & vne tendreſſe toute fraternelle. S'ils veulent affliger l'Egliſe; s'ils la veulent bleſſer en ce qu'elle à de plus cher & de plus tendre, c'eſt des intereſts & des afflictions de cette ſainte Mere que nous devons eſtre touchez, & non pas des noſtres. Il faut demander à Dieu qu'il nous faſſe la grace d'entrer à l'egard des plus incorrigibles & des plus opiniaſtres dans des ſentimens de moderation & de retenuë ſemblables à ceux où eſtoit S. Cyprien, lors qu'il eſtoit réduit à ſe deffendre fortement contre les Schiſmatiques qui s'eſtoient efforcez de le décrier, & de le perdre. Il ne faut pas, mon tres-cher frere, „ diſoit ce Saint Archeveſque au Saint Pape Corneille, que ie me con- „ forme à eux, & que ie me propoſe de faire icy contre-eux autant d'ac- „ cuſations qu'ils ont inventé contre moy de calomnies. Il ne faut pas „ que ie m'étende à raconter les maux qu'ils ont faits, & qu'ils font en- „ core tous les iours : car nous devons bien conſiderer ce que les Eveſ- „ ques & les Preſtres de Ieſus-Chriſt doivent dire & doivent eſcrire : „ & nous devons eſtre ſi retenus à repreſenter ce que nos adverſaires „

S. Cyp. Epiſt. 55.

,, ont fait de honteux & de criminel, que ce n'est pas tant l'indigna-
,, tion & la douleur qui doivent parler en nous, que la pudeur & la
,, modestie. Il ne faut pas qu'il paroisse qu'estant provoqué par des ca-
,, lomniateurs, ie leur oppose vn amas d'iniures par vn esprit de ven-
,, geance, plustost que ie ne rapporte fidellement leurs desordres &
,, leurs crimes par vn zele de justice.

Voila le sentiment que nous devons imiter à l'égard de ceux qui cõbattent la doctrine de l'Eglise : & pour toutes les peines qu'ils nous veulent faire souffrir, nous devons leur souhaitter de tout nostre cœur qu'ils ayent enfin le bon-heur d'estre vaincus & d'estre persuadez par
,, la verité. S'ils ne s'y veulent point soûmettre volontairement, elle
,, ne laissera pas de les surmonter malgré qu'ils en ayent : & cette vi-
,, ctoire sera aussi honteuse aux vaincus, s'ils ne l'aiment pas, qu'elle
,, leur sera glorieuse, s'ils la desirent. *Bonum est à veritate vinci* dit S.
,, Prosper. *Ad corruptionem super & veritas volentem, nam & invitum ipsa superabit.*

S. Prosp. sent. 20.

D. August. Epist. 174

,, Ce n'est pas vn bon-heur à vn homme, de vaincre vn autre hom-
,, me, dit S. Augustin : mais c'est vn bon-heur à l'homme d'estre vain-
,, cu volontairement par la verité, comme ce luy est vn mal-heur de
,, n'en estre vaincu que contre son gré. Car il est absolument necessaire
,, que cette verité surmonte, soit qu'on luy resiste, soit qu'on la recon-
noisse. *Non bonum hominis est hominem vincere, sed bonum est homini ut eum veritas vincat invitum. Nam ipsa vincat necesse est sive negantem, sive confitentem.* Le mesme Pere compare la verité à l'égard de ceux qui luy resistent à vn homme fort & redoutable qui dans le combat suffoque son ennemy, quand il ne veut point le reconnoistre son
,, vainqueur & luy demander la vie. *Veritatis viribus præfocantur cui*
,, *consentire nolunt*, dit ce Pere. Par consequent s'ils ne veulent pas
,, consentir à cette invincible verité, ils ne sçauroient empescher qu'el-
,, le ne les confonde & ne les perde. L'iniustice n'est que vanité. Elle
,, n'est rien. Il n'y a que la Iustice qui soit veritablement puissante. La
,, verité peut estre cachée pour vn temps ; mais elle ne peut estre vain-
,, cuë. L'iniustice peut estre florissante pour vn temps : mais elle ne
,, sçauroit estre permanente. *Vana est iniquitas : nihil est iniquitas. Potens*
,, *non est nisi iustitia. Occultari potest ad tempus veritas : vinci non potest.*
,, *Florere potest ad tempus iniquitas : permanere non potest.*

D. August. enarr. in Ps. 61 [illegible]

Voila les sentimens que cet excellent deffenseur de la doctrine Chrestienne à eus du pouvoir invincible de la verité. Il dit encore ailleurs que les gens du monde qui persecutent les enfans de Dieu ne sont que paile, & que ces enfans de Dieu sont comme l'or dans l'Eglise. De sorte que selon la pensée de ce Pere l'on doit comparer tous les efforts & toute la violence quelles personnes du siécle peuvent employer contre la iustice & la verité à vn feu de paille qui ne sçauroit

avoir

avoir de durée & qui ne sçauroit nuire au metail. Ce feu peut consumer la roüille & la crasse de l'or, dit ce Pere, mais non pas le diminuër de quantité ny de prix, Et l'ardeur si vive & si violente de cette paille la détruit elle mesme & la réduit en cendre en vn moment.
Ardeat licet palea ad incendendum me & quasi consumendum me : illa D. Aug.
in cinerem vertitur, ego sordibus careo. Ce ne sera donc à la fin que de enarr. in
la cendre que tout le feu qu'on allume contre la verité : & ce feu & ps. 61. sup. v. 6.
cette cendre ne serviront qu'à rendre plus pure & plus éclattante l'innocence des veritables fidelles.

Les ennemis de la verité, quelque forts & quelque soûtenus qu'ils soient par la faueur & la puissance des hommes, ne sçauroient donc iamais en triompher, ne sçauroienr iamais la vaincre. Ils ne peuvent triompher que de la foiblesse & de la lascheté de ceux qui l'abandonnent. Cette verité est toute forte & toute invincible par elle mesme, & tout à fait indépendamment des secours humains. Et quand Dieu ne se veut point servir des hommes pour la deffendre, & qu'elle paroist la plus abandonnée, c'est alors qu'il la maintient puissammenr; qu'il luy fait emporter de plus glorieux & de plus precieux triomphes; qu'il fait davantage paroistre sa force; & qu'il confond plus terriblement ses ennemis. Et quand les hommes sont indociles & rebelles à l'égard de cette divine verité, leur rebellion & leur indocilité ne sont qu'vn témoignage de la colere & du Iugement de Dieu sur eux, & n'apportent pas plus d'affoiblissement aux veritez qu'ils reiettent, que ceux qui se plaisent à se tenir les yeux fermez en apportent à la pleine clarté du iour. Celuy qui est la verité personnelle & essentielle n'a pas esté moins adorable & moins puissant en la Croix, qu'il l'est sur le trosne de son Pere: & la lumiere de la verité qui dériue tousiours de luy comme de son principe vnique & perpetuel, ainsi que les rayons sortent du Soleil, n'est pas moins vive, moins forte, moins lumineuse, quand les hommes la reiettent & se la cachent à cause de la debilité de leur veuë, que lors qu'ils se plaisent à la regarder fixement, & à s'exposer à son éclat.

Ceux qui la deffendent, cette verité immuable & divine, ne combattent & ne triomphent que par la force qu'elle mesme leur donne, & par les armes qu'elle leur met entre les mains : de sorte qu'ils se peuvent dire les vns aux autres en quelque petit nombre qu'ils se trouuent, ce que disoit Ionathas à son Escuyer, quand il eut la hardiesse d'entrer seul avec
luy dans le camp des incirconcis : Il n'est point difficile au Seigneur de „ 1. Reg.
nous Sauver par le petit nombre aussi bien que par le plus grand. *Non* „ 14. 6.
est Domino difficile salvare vel in multis vel in paucis. Ils se doivent animer „ Luc. 12. 32.
les vns les autres par ces paroles que Iesus-Christ disoit à ses Apostres : „
Ne craignez point quoy que vous soyez en fort petit nombre, parce que „ Nicol.
mon Pere à resolu de vous dôner le Royaume. Il ne nuit point, dit excel- „ 1. Epi.
lement vn Saint Pape, de n'estre qu'vn petit nombre où régne la pieté : „ 8.

& le grand nombre est inutile où régne l'impieté : parce que ce n'est pas la multitude de ceux qui fauorisent vne cause, mais c'est la qualité de la cause mesme qui condamne ou qui iustifie. *Numerus pusillus necobest vbi abundat pietas, nec multiplex prodest vbi regnat impietas : quia non multitudo, sed causa damnationem aut iustificationem adducit.*

C'a esté cette verité qui à fait que dans tous les siécles, les fidelles deffenseurs de la doctrine de l'Eglise ont esté aussi courageux & aussi intrépides, en se voyant abandonnez de ceux mesmes qui auroient esté obligez de les soûtenir, que s'ils avoient eu toutes les puissances du monde pour eux. Voyez avec quel courage & quelle fermeté le Clergé de Rome gemissant sous la tyrannie & la cruauté de la persecution, escrit à S. Cyprien dans la lettre qui est la vingt-sixiéme parmy les siennes. Cette lettre est merveilleuse, & capable d'enflammer les plus froids qui la liroient avec quelque pieté. Iamais les plus vaillans & les plus victorieux Capitaines dont on à fait les Histoires, n'ont expliqué le desir qu'ils avoient de se presenter à l'ennemy, de le combattre, & de le vaincre d'vne maniere plus noble & plus genereuse, que ces illustres Confesseurs ont
Epist. 26. inter Epist. D. Cypr. exprimé leur zele pour le Martyre. N. S. disent-ils, nous excite au cõbat par son Evangile cõme par vne trõpéte, en nous disant : Celuy qui aime son pere & sa mere plus que moy, n'est pas digne de moy. Celuy qui ne porte point sa Croix, & qui ne me suit point n'est pas digne de moy. Bien-heureux ceux qui souffrẽt la persécutiõ pour la iustice: car le Royaume des Cieux leur appartient. Vous serez heureux quand on vous persecutera & qu'on vous haïra. Soyez en dãs la joye & dans l'allégresse: car on à persecuté de la mesme sorte les Prophetes qui vous ont précédez. Vous serez obligez de comparoistre devant les Roys & devant les puissances. Le frere livrera son frere à la mort, & le pere son fils : & celuy qui persevera iusques à la fin, sera sauvé. Ie donneray à celuy qui aura esté victorieux comme i'ay vaincu, d'estre assis sur mon trosne comme ie suis assis sur le trosne de mon pere. Nous nous animons & nous nous fortifions par ces paroles de Iesus Christ. Et nous sommes encore vivement encouragez par ces autres paroles de l'Apostre : Qui nous séparera de la charité de Iesus-Christ? sera-ce l'oppression, sera-ce l'angoisse, sera-ce la persecution, sera-ce la faim, sera-ce la nudité, sera-ce le peril, sera-ce le glaive, comme il est escrit : On nous fait mourir pour vous tous les jours: On nous considere comme des brebis qui doivent estre immolées? Mais nous sommes au dessus de tous ces maux, & nous les surmontons pour celuy qui nous à aimez. Nous estant preparez par la lecture frequente de ces exhortations que nous rencontrons dans l'Evangile, & dans les Epistres de l'Apostre, & sentant que les paroles de N. S. sont comme des flambeaux qui enflamment nostre confiance & nostre Foy, maintenant, non seulement nous n'avons nulle frayeur des ennemis de la verité, mais nous les provoquons : & en ce que nous n'avons point cédé aux ennemis de Dieu, nous les avons deia vaincus. Nous avons

meprisé les loix déteſtables qu'on à faittes contre la verité : & ſi nous „
n'avons point encore répandu noſtre Sang, nous ſommes tout preſts de „
le répandre. Que perſonne ne conſidére à noſtre égard comme vne cle- „
mence le retardement des peines. Ce retardement nous eſt dommageable „
puis qu'il retarde l'accompliſſement de noſtre gloire; puis qu'il differe „
noſtre entrée dans le Ciel; puis qu'il nous empeſche de voir Dieu. „

Voila comme parloient ces excellens amateurs de la Religion Chreſtienne, dans le moment qu'ils voyent les puiſſances de la terre pleines d'vn deſir furieux de la détruire, & qu'ils eſtoient expoſez à leur fureur. Mais Sainct Cyprien ſe ſurpaſſe luy meſme, lors qu'il dépeint quelle a eſté la force & quel a eſté le courage d'vn Saint Confeſſeur, pendant qu'il eſtoit dans le cachot. Il a combattu le premier, „ D. Cyp. Epist. 34.
dit-il : il a porte l'enſeigne deuant les ſoldats de Ieſus-Chriſt. Dans les „
premieres violences, & les plus effroyables ardeurs de la perſécution, „
il eſt entré au combat auec celuy qui en eſt le chef & l'Auteur : & en „
ſurmontant cet aduerſaire par ſon inuincible fermeté, il a ouvert à tous „
les autres Fidelles le chemin de la victoire. Ce n'a pas eſté par des „
bleſſures qui luy ayent promtement oſté la vie, qu'il a eſté vainqueur, „
mais ç'a eſté dans des ſupplices opiniaſtrez & prolongez qu'il s'eſt rendu „
le maiſtre & le triomphateur de ſon ennemy par vne réſiſtence mira- „
culeuſe. Il a eſté durant l'eſpace de dix-neuf jours en vne rigoureuſe „
priſon, & chargé de liens & de fers. Mais pendant que ſon corps fut „
ainſi dans les chaiſnes, ſon eſprit demeura parfaitement libre. Sa chair „
deuint séche par la longueur de la faim & de la ſoif. Mais Dieu ſoûtint „
& nourrit par des alimens ſpirituels, ſon ame qui viuoit de la foy & de „
la vertu. Parmy les peines il fut plus fort que les peines. Eſtant dans „
la priſon, il fut plus grand & plus puiſſant que ceux qui auoient la „
puiſſance de l'y retenir : eſtant abbatu par les ſouffrances, il fut éleué „
au deſſus de tous ceux que la proſperité mettoit dans la plus haute éle- „
vation: eſtant lié, il eut plus de force que ceux qui le lioient : eſtant ju- „
gé, il eſtoit dans vn rang ſuperieur à celuy où eſtoient ſes Iuges : & en- „
core que ſes pieds fuſſent liez, il ne laiſſa pas de marcher ſur le ſerpent, „
de le vaincre, & de luy écraſer la teſte.

Mais qu'on a beſoin de s'humilier & de ſe deffier de ſoy meſme, en s'encourageant & s'excitant à ſouffrir par les paroles & par les exemples de ce fameux athléte de Ieſus-Chriſt : car l'hiſtoire nous apprend que ce glorieux Confeſſeur des veritez chreſtiennes ayant eſté deliuré de la priſon, apres tous les maux qu'il y auoit ſoufferts, & ioüiſſant de la liberté, où eſtoit l'Egliſe aprés que la perſécution fut appaiſée (comme s'il euſt laiſsé toute ſa fidelité, tout ſon courage, & toute ſa gloire dans la priſon, ainſi que dit S. Cyprien) ſe laiſſa ſurprendre aux erreurs des Nouatiens, & ſe ſépara de la communion de l'Egliſe, tant l'inconſtance & la fragilité des hommes eſt prodigieuſe. Il eſt vray que ce ne fut que pour vn peu de temps, & qu'il reconnut bientost son égarement & le répara par vne penitence fort exemplaire Mais qu'il est à craindre que ceux ausquels il arriue de ces sortes de chûtes, ne s'en puissent iamais releuer, & qu'il est besoin pour deffendre la verité auec la perséuerance & la seureté qui nous sont necessaires, d'auoir vne humilité, vne pieté, & vne sainteté de vie qui soient proportionnées à nostre courage, & qui nous tiennent toûjours en la protection & en la main de celuy qui est nostre seule force!

Dieu veut que ceux qui s'attachent à sa cause & qui la deffendent, ayent des mœurs conformes à la pureté de la doctrine qu'ils font profession d'embrasser & de soûtenir, & qu'ils soient des lampes aussi ardantes que lumineuses. L'amour de la verité ne sçauroit subsister longtemps dans le cœur, s'il n'est entretenu par vne pieté bien enracinée & bien establie. Sans cela cét amour de la verité est comme vn feu qu'on laisse manquer de l'aliment qui luy est propre, ou qui n'estant point attaché à vne matiere solide ou qu'il ait encore penetrée; peut estre esteint par le moindre soufle.

Presentons nous donc incessamment à nostre Seigneur Iesus-Christ, afin qu'il nous fasse la misericorde de pénétrer & d'enflammer nostre cœur par les flammes de son saint amour. Quand nous ne serions devant luy que comme des masses de métail froides & dures, pourveu que nous soyons assidus à receuoir les impressions de son feu diuin, il nous amolira, & nous rendra plus ardens que n'est le fer & l'airain qui coulent des fontes. Et pourveu que nous soyons fidelles à nous tenir en sa presence, & à viure de la priére & de la foy, selon l'obligation des vrais Chrestiens, nous n'aurons point à craindre de retourner dans nostre froideur & nostre dureté.

Ayant cet esprit de priere, de pieté, & d'humilité, nous nous estimerons heureux de souffrir: & nous entrerons dans le sentiment où estoit S. Cyprien lors qu'il écriuoit. CE N'EST PAS CELVY QVI SOVFFRE L'INIVRE, MAIS C'EST CELVY QVI LA FAIT, QVI EST MISERABLE. Ce n'est pas celuy qui est blessé par son frere, mais c'est celuy qui blesse son frere, que la loy de Dieu declare pecheur. Et lors que les coupables outragent les innocens, ce sont ceux qui s'imaginent faire dommage à leur prochain qui en reçoiuent veritablement eux mesmes. *Neque qui audit, sed qui facit conuitium miser est: nec qui à fratre vapulat, sed qui fratrem cædit in lege peccator est: & cùm nocentes innocentibus iniuriam faciunt, illi patiuntur iniuriam qui facere se credunt.*

S. Cyp. Epist. 55.

Ce sentiment que nous aurons à l'égard des injustices & des violences qu'on nous pourra faire, & à l'égard des personnes de qui ces injustices & ces violences pourront venir, nous maintiendra dans la paix & la charité que nous serons obligez d'auoir dans le cœur: & nous serons tousiours capables de dire auec S. Cyprien: Ceux qui nous menacent doiuent sçauoir que les Prestres de Iesus-Christ ne les craignent point

D. Cyp. Epist. 55.

point. Car lors que l'Antechrist commencera de paroistre, il ne sera pas ,, admis dans l'Eglise, quoy qu'il fasse des menaces: & on ne cedera point ,, à ses armes & à sa violence, quoy qu'il déclare qu'il fera mourir ceux ,, qui luy resisteront. Ils nous mettent les armes à la main, lors qu'ils pen- ,, sent nous épouventer par leurs menaces. Et durant que nous sommes ,, dans la paix, ils ne gagnent aucun avantage sur nous, mais plustost ils ,, nous élevent & nous enflamment le courage, en rendant la paix où est ,, maintenant l'Eglise, plus dommageable aux Fidelles que n'estoit la persé- ,, cution. Veritablement nous souhaittons qu'ils n'accomplissent point les ,, crimes qu'ils se proposent de faire dans la fureur qui les emporte. Nous ,, desirons qu'en péchant par des paroles si pleines de perfidie & de cruau- ,, té, ils ne péchent point encore par des actions conformes à ces paroles. ,, Nous demandons instamment à Dieu (quoy qu'ils ne cessent point de ,, l'irriter) qu'il luy plaise d'adoucir leurs cœurs, & de les faire revenir à ,, leur bon sens, en leur faisant quitter leur fureur. Nous demandons in- ,, stamment à Dieu que leurs cœurs aveuglez par les tenebres des vices, re- ,, connoissent la lumiere de la penitence, & qu'il les mette en estat de de- ,, mander plustost le secours des prieres de ceux qu'ils persecutent, que de ,, vouloir répandre leur sang. Que s'ils persistent dans leur fureur, & s'ils ,, ont la cruauté de continuer à nous dresser des embusches & à nous faire ,, des menaces parricides, ils doivent estre asseurez qu'il n'y a point de ,, Prestre de Dieu si foible, si bas, si lasche, si impuissant par l'imbecilité ,, commune de la nature; qui ne s'éleve, par le secours de la grace, contre ,, les ennemis de Dieu & contre les adversaires de la verité, & de qui la ,, foiblesse & la petitesse ne soient animées & encouragées par la vigueur ,, & la force du Seigneur qui les protége. Puis que c'est le Seigneur qui ,, nous doit couronner aprés nostre mort, il ne nous importe par qui ny ,, en quel temps nous perdions la vie. Ce n'est pas nous qui sommes à ,, plaindre: mais il faut plustost déplorer la perte de ceux que Satan aveu- ,, gle de telle sorte, que sans penser aux supplices eternels, ils s'efforcent, ,, autant qu'il leur est possible, d'imiter la conduite que doit tenir l'Ante- ,, christ. ,,

La persecution est vn iugement terrible de Dieu à l'égard de ceux qui la font, & vne singuliere misericorde à l'égard de ceux qui la souffrent. De sorte qu'il est certain qu'elle oblige étroitement ceux à qui Dieu daigne faire la grace d'estre dans quelque souffrance pour son saint nom & pour ses saintes veritez, d'avoir tousiours vn grand sentiment de compassion à l'égard de ceux qui les persecutent, & de prier beaucoup pour eux, & d'avoir aussi en mesme temps à l'egard de nostre Seigneur vne profonde humilité, & vne sincere reconnoissance, en considerant la grace & le pouvoir qu'il leur à donné de souffrir pour la mesme cause pour laquelle il à tant eu de zéle de souffrir, qu'il en à quitté son trosne & sa majesté, & s'est rendu passible & mortel, en se faisant homme & se mettant dans vn estat qui luy à esté, selon l'Apostre, vn aneantissemét.

Pourveu que ceux à qui nostre Seigneur à donné l'amour de sa verité, soient vnis par son Esprit & n'ayent ensemble qu'vn cœur & qu'vne ame, ils seront tousiours plus forts que leurs adversaires; ils seront toûjours fermes dans la resolution de ne rien faire de lasche contre cette divine verité; ils renonceront pour elle à tous les avantages & à toutes les pretentions du siécle; ils seront prests de souffrir pour elle toutes les douleurs, & d'abandõner pour elle leur propre vie s'il en est besoin. L'ennemy tasche de diviser ceux qui sont à Dieu, afin de les affoiblir & de les
D. Cypr. Epist. 56. „ pouvoir vaincre plus facilement en les tenant separez. Celuy, dit S. Cyprien, qui n'a pas assez de force contre tous, cherche à les surprendre „ séparement: mais estant repousé par la Foy & par la vigueur de ceux „ qui sont vnis dans le combat, il reconnoist que les soldats de I. C. estant „ vigilans & armez ensemble pour soûtenir ses attaques, peuvent mourir, „ mais ne peuvent estre vaincus, & que la disposition dans laquelle ils sont „ de ne point craindre la mort les rend invincibles. Ceux qui combattent pour la cause de I. C. sçavent que le saint Esprit les soûtient & parle „ en eux & par eux: & cette confiance les affermit de plus en plus. *A confitentibus non discedit neque diuiditur: ipse in nobis & loquitur & coronatur*, dit ce Saint Martyr.
D. Cyp. Epist. 56.

Si l'on est obligé de fuir & de se cacher, on rencontre dans la conduite & dans les escrits de cet excellent Evesque des consolations abondantes & merveilleuses. Il ne se cacha point par lascheté ny par foiblesse, mais par prudence & par charité. Il se retira pour ne point irriter la fureur des Infidelles, & afin de se conserver pour le service de l Eglise. S'il craignit, sa crainte fut iuste & genereuse, & luy fut suggerée par l'esprit de Dieu. Et en se retirant il considera qu'il peut y avoir plus d'imprudence que de raison, plus de temerité que de courage, plus de presomption que de force à s'exposer aux perils, & à ne se point cacher à l'iniustice & „ à la violence des persecuteurs. *Fuit formido illa, sed iusta, formido quæ*
D. Cyp. Epist. 56. „ *Dominum timeret offendere*, dit le saint Auteur de sa vie. Les Chrestiens, dit cét heroïque Martyr, qui seront obligez de se separer de leurs „ freres par la necessité du temps, en seront separez de corps, mais n'en „ seront point separez d'esprit. C'est pourquoy la fuite & l'éloignement ne „ leur doivent point donner de frayeur: la solitude des deserts où ils peu„ vent estre retirez & cachez, ne les doit nullement épouventer. *Celuy „ que I. C. accompagne dans sa retraite & sa fuite, n'est iamais seul & celuy qui conserve en soy mesme le temple de Dieu, à tousiours Dieu avec „ luy*.

Il faut estimer heureux ceux qui peuvent imiter ces anciens Fidelles qui selon que nous l'apprend l'Escriture Sainte, alloient chercher la iustice & le iugement dans les deserts. *Descenderunt multi quærentes iudicium & iustitiam in desertum*,
1. Machab. 2. 29.

Qu'on est heureux, quand on est dans la retraite & la solitude de se voir obligé d'y demeurer. Et qu'on est heureux, quand on est dans le monde de se voir obligé de chercher la retraite & la solitude. L'obligation d'estre dans le monde est vn exil à des solitaires : mais c'est asseurément vne peine à toutes sortes de Chrestiens, quand ils ont le Christianisme tout à fait vivant & tout à fait regnant dans le cœur. Tellement qu'ils doivent avoir des transports de ioye & qu'ils doivent benir Dieu de toute leur ame, quand les dispositions de la Providence les chassent des villes & les poussent dans les deserts.

Les gens du siécle mettent l'exil au nombre des peines, dit le Diacre de S. Cyprien qui à escrit sa vie ; parce qu'ils aiment trop leur pays, & qu'ils mettent toute leur affection à vivre parmy leurs proches. Mais nostre patrie ne nous est point si chere. Nous regardons toutes sortes de pays comme le nostre, & nous avons en horreur mesme nos parens, quand ils nous veulent persuader quelque chose qui est contre Dieu. Ce leur est vn grand supplice de vivre hors de la ville où ils ont leur établissement : *mais à vn Chrestien tout le monde n'est que comme vne seule maison*. De sorte qu'encore qu'on le relégue en vn lieu fort écarté & fort éloigné, il ne peut neanmoins regarder son éloignement comme vn exil, a cause du commerce qu'il à tousiours la liberté d'avoir avec son Dieu. Il faut aioûter à cela qu'estant entierement attaché au service de Dieu, il est étranger mesme dans sa propre ville. Car en s'abstenant des desirs de la terre, par la disposition avec laquelle le S. Esprit l'en sépare, & se dégageant des habitudes & des mœurs du vieil homme, il n'a plus de part à la vie presente, mesme lors qu'il est parmy ses concitoyens, ou encore parmy ses proches. Et quand on pourroit s'imaginer que ce bannissement fût vne peine : neanmoins les condamnations & les souffrances qui nous arrivent pour avoir suivy la iustice & la verité, ne nous peuvent pas estre vn supplice, puis qu'elles nous sont vne gloire. Quand le lieu où le Saint Evesque Cyprien avoit esté banny, auroit esté aussi incommode & aussi affreux que la situation en estoit saine & agreable, pourroit-il avoir le nom d'vn exil, puis que c'estoit vn lieu dans lequel les oyseaux mesmes du Ciel luy auroient apporté de la nourriture, comme à Elie, où les Anges mesmes auroient eu soin de luy, comme ils eurent de Daniel, si l'assistance des hommes luy avoit manqué ? Qu'il n'arrive iamais à personne de croire qu'il manque quelque chose au moindre des fidelles, pendant qu'il souffrira pour la confession du nom de I. Christ. Voila comme parle ce saint Diacre qui eut le bon-heur d'accompagner ce Saint Martyr en ses voyages & en ses souffrances iusques à la fin de sa vie.

Pontius Diaconus in vita.

Ie ne puis que ie n'aioûte icy ce que dit Saint Augustin sur le suiet de ce bannissement de Saint Cyprien, dans vn excellent Sermon qu'il a fait sur la feste de ce Saint. Quant on bannit S. Cyprien dans la ville, de Curubis, pour auoir confessé Iesus-Christ, dit ce Pere, cet exil ne luy fut aucunement dommageable, mais il fut extremément auantageux à cette ville : car en quel lieu pouvoit-on l'envoyer où il ne trouvast point

Serm. S. Aug. de S. Cyp. Mar.

C'estoit vne ville Episcopale & vn port de mer, d'Afrique extremément agrea[ble].

ble, dont l'Evesque étoit sa[illegible]gan: le Carthage.

,, celuy pour le témoignage & la confession duquel on l'envoyoit ? Le
,, Sauueur du monde qui a dit : Ie suis tous les iours auec vous iusqu à la
,, consommation des siecles, receuoit & accueilloit ce Saint en quelque
,, endroit que la fureur de l'ennemy le chassast, ne se pouvant separer de
,, luy, puis qu'il estoit vn des plus considerables membres de son corps,
,, & que plus ce membre souffroit, plus il deuoit auoir soin de le soula-
,, ger & de le secourir. Que l'infidelité des persecuteurs est folle & aueu-
,, gle! Si vous cherchez vn exil où vous puissiez commander à vn Chre-
,, stien d'aller, trouvez auparauant si vous pouvez vn lieu d'où Iesus-
,, Christ soit contraint de sortir & de s'éloigner. Pensez vous pouvoir
,, chasser de sa patrie vn homme de Dieu, & de le pouvoir confiner dans
,, vne terre étrangere, puis que selon l'vnion qu'il a tousiours auec Iesus-
,, Christ il ne sçauroit estre banny nulle part, & que selon l'estat où
,, il est selon la chair il est étranger dans toutes les regions de la ter-
,, re ?

En l'estat déplorable où sont toutes choses, il n'y a rien sans doute de plus souhaittable que la vie cachée, que la retraite & la solitude. Il est certain que cette vie retirée & solitaire a esté fort precieuse, & a tousjours esté la plus seure dans tous les temps. Mais en vn siécle comme celuy-cy, elle est doublement desirable : & ceux qui ont la liberté de l'embrasser, ont suiet de s'en estimer heureux. De sorte que la lumiere & la charité du Christianisme nous doiuent faire regarder, non pas comme des persecuteurs, mais comme des bienfaicteurs ceux qui nous y peuvent reduire par l'vsage qu'ils font de leur autorité. Ce sentiment a esté celuy des plus grands Saints, & mesme de ceux qui par leurs emplois & leur condition deuoient estre dauantage éloignez de la retraite, & auoient plus d'obligation de communiquer auec les hommes.

S. Greg de Naz. en l'Epist. 60. à Sophronius.

,, Ie m'applique à la Philosophie Chrestienne auec beaucoup de repos
(dit S. Gregoire de Nazianze dans vne lettre qu'il écriuit d'vn lieu où
la persecution & la tempeste qu'on auoit suscitée contre luy, l'auoit
obligé de se retirer.) Voila, dit ce S. Euesque, tout le mal que m'ont
,, fait ceux qui me haïssent : & ie souhaitte de tout mon cœur qu'ils con-
,, tinüent de me faire de semblables maux ; afin qu'ils m'obligent à les
,, regarder de plus en plus comme mes bienfaicteurs. Car il y a beau-
,, coup de rencontres dans lesquelles ceux qui semblent souffrir des ou-
,, trages, reçoiuent effectiuement des bienfaits, & dans lesquelles au con-
,, traire on fait iniure à ceux a qui l'on pense faire du bien.

Puisque ceux qui seroient le plus obligez de soûtenir & de deffendre la verité, l'abandonnent, la trahissent, la persécutent, que doit on faire maintenant, sinon de se retirer, pour aller gemir sur ses propres pechez, sur les offenses du prochain, & sur la désolation de l Eglise? Elle est sur la terre dans vn estat de combat, d'affliction, de bannissement. Elle y est comme fugitive & comme étrangere : de sorte que ses enfans ne sçauroient estre dans vn estat plus conforme à celuy où Dieu veut tenir

cette

cette sainte Mere, pour la préparer à ses victoires & à ses triomphes, que lors qu'ils sont reduits à se retirer, à s'enfuir, à vivre sur la terre, comme n'ayant nulle pretention que dans le Ciel.

Cette Eglise a esté suiette quasi dans tous les siécles à des calamitez semblables à celles que nous voyons : & vn des plus saints Evesques qui ait esté dans l'Eglise de France, & qui viroit dans le commencement de l'onziéme siécle, fait vne peinture de l'estat où estoit de son temps l'Eglise de ce Royaume, qui represente d'vne admirable maniere la desolation où nous la voyons aiourd'huy. Nos freres qu'on à proscrits, dit ce S. Evesque, demeurent dans l'avilissement & dans la confusion, sans que personne entreprenne de les deffendre : & il n'y à pas vn Evesque en France dont les entrailles soient touchées d'vn mouvement de compassion, ou qui soit enflammé par le zéle de la loy de Dieu, pour s'opposer au cours impetueux des erreurs, & pour relever les esperances de ceux qui sont accablez de douleur. On ne voit plus aucune trace de la vigueur des premiers Evesques de ce Royaume. On ne voit plus revivre le courage de S. Denis. On ne voit plus paroistre de pieté qui ressemble à celle de S. Martin. Vous nous avez abandonnez, grand Hilaire, qui avez esté vn de nos Peres par vostre sainteté & vostre doctrine, & qui avez autres fois deffendu l'vnité de l'Eglise par le glaive de l'esprit saint. O Eglise de France abandonnée, affligée, desolée ! Quelle esperance de rétablissement & de salut nous reste-t-il ? Où les veritables Chrétiens pourront-ils respirer à l'avenir dans l'affliction qui les presse ? Car il sembloit qu'il nous restoit principalement cette consolation, que si l'on ne pouvoit reparer les ruines arrivées en l'Eglise de ce Royaume, on avoit au moins encore la liberté de se refugier comme en vn azyle & comme en vn Capitole, dans les monasteres. Mais si des hommes agissant comme des voleurs ont l'audace de se rendre impunément les maistres de ses saintes retraites, & si toutes sortes de personnes vaines & ambitieuses s'en emparent, quelle doit estre nostre douleur, & que pouvons nous dire de l'Eglise de France, sinon qu'ELLE EST TOUT A FAIT RENVERSÉE ET RUINÉE.

D. Fulbert. Episcop. carnot. Epist. 21.

S. Bernard vn peu aprés ce S. Evesque n'a pas exprimé moins fortement que luy, les desordres lamentables dont l'Eglise estoit affligée de son temps. Voicy comme il parle : L'Eglise trouve sa plus grande amertume dans sa paix. Il est vray qu'elle n'est plus affligée par l'effusion du sang des Martyrs, comme elle là esté dans sa naissance. Il est vray qu'elle n'est point opprimée par la malice & la puissance des Heretiques, comme elle l'a esté aprés son établissement. Mais elle souffre des douleurs tres ameres par la conduite & les mauvaises mœurs de ses propres enfans. Elle ne peut les eloigner d'elle : elle ne peut les fuir, tant ils sont accrus & multipliez. *La playe de l'Eglise est intestine & incurable.* C'est pourquoy son amertume est extréme dans la paix où elle se trou-

» ve. Mais quelle est cette paix ? C'est vne paix, & ce n'est pas vne paix.
» Elle est en repos à l'égard des Payens & des Heretiques : mais certaine-
» ment elle ne l'est pas à l'égard de ses propres enfans. Malheur à la ge-
» neration présente, a cause du levain des Pharisiens qui est l'hypocrisie,
» si toute fois on doit appeler hypocrisie vn dereglement qu'on ne peut
» cacher tant il est grand, & qu'on ne veut point cacher tant les hommes
» sont destituez de toute honte. *Vne horrible corruption infecte aujour-*
» *d'huy tout le corps de l'Eglise : & sa maladie est d'autant plus desesperee,*
» *qu'elle est plus répandue, & d'autant plus perilleuse qu'elle est plus in-*
» *terieure*. Car si vn ennemy déclaré (comme est vn Heretique) s'élevoit
» contre-elle, on le ietteroit dehors ; on le retrancheroit ; & il secheroit
» comme vne branche coupée. Si vn ennemy puissant & violent la perse-
» cutoit, elle se cacheroit peut estre de luy. Mais maintenant qui pourra-
» t-elle retrancher de son corps, ou de qui pourra-t-elle se cacher ? Tous
» sont ses amis, & tous sont ses ennemis : tous sont ses familiers, & tous
» sont ses adversaires : tous sont ses domestiques, & il n'y en à pas vn qui
» contribuë à la mettre en repos : tous sont alliez à cette sainte Epouse, de
» laquelle ils doivent desirer la grandeur & la gloire, & ils ne cherchent
» que leurs propres interests. Ils sont Ministres de I. C. & ils servent
» l'Antechrist. Au temps où nous sommes, l'Eglise peut faire cette plain-
» te dans l'excés de sa douleur : I'ay nourry des enfans & ie les ay élevez
» dans vn estat glorieux, & cependant ils m'ont méprisée. De là vient
» qu'elle est dans la pauvreté, dans l'indigence, dans la nudité, dans l'a-
» bandonnement ; que sa face est en vn estat déplorable, qu'elle est negli-
» gée, pasle, défigurée, hideuse. C'est à cause de ce dereglement où l'on
» est maintenant, qu'au lieu de penser à rendre à l'Eglise son premier
» éclat, on ne pense qu'à la dépoüiller ; qu'au lieu de la conserver, on la
» veut perdre ; qu'au lieu de la deffendre, on l'expose à ses ennemis ; qu'au
» lieu de travailler à la rétablir dans sa premiere pureté, on la prostituë ;
» qu'au lieu d'avoir soin de paistre son troupeau, on le fait mourir & on
» le devore. Toute fois ie parle inutilement de ces desordres, parce que
» ceux qui en sont coupables ne nous écoutent pas. Estant plongez com-
» me dans vn profond sommeil & vivant dans l'oubly & l'insensibilité,
» nulles menaces de la part de Dieu quelque terribles & quelque fou-
» droyantes qu'elles soient, ne les reveillent & ne les mettent en estat
» d'avoir seulement la moindre frayeur du peril où ils sont. Estant impi-
» toyables pour eux mesmes, ils le sont aussi pour les autres : & en se per-
» dant, ils font aussi perir leur prochain.

Voila comme parle S. Bernard dans le Sermon 33. & 77. sur le Cantique des Cantiques. Nous ne devons donc point estre surpris des desordres & des confusions que nous voyons presentement dans l'Eglise. Puis qu'elle est l'Epouse de I. C. il faut qu'elle soit conforme à son Espoux, & qu'elle soit dans l'avilissement & dans les souffrances sur la terre, de la mesme maniere qu'il y à voulu estre luy mesme. Et comme lors qu'il fut attaché sur la Croix, & que ses bourreaux l'exposerent aux dernieres ignominies, il ne laissa pas de vaincre le monde par cette Croix mesme, & par ces ignominies, par lesquelles ce monde s'estoit proposé de l'exterminer: ainsi l'Eglise qui est persecutée & avilie en ceux qui soutiennent sa doctrine & sa verité, n'est pas moins forte & n'est pas moins victorieuse devant Dieu, lors qu'elle souffre l'iniustice & l'oppression, que si ses victoires & ses triomphes eclattoient devant tous les hommes.

Il faut donc qu'en imitant la douceur & l'humilité de Iesus-Christ, nous soyons pleins de courage & de confiance, & que nous ayons vne patience qui n'ait rien de lasche ny de foible, & vn courage qui n'ait rien de superbe ny d'amer. L'Humilité sans le courage est vne bassesse, & le courage sans l'humilité est vne présomption. Le courage sans la patience, est accompagné d'amertume & de colere. Mais la generosité chrestienne est touiours humble & modeste: & l'humilité chrestienne est tousiours genereuse & forte. Cette generosité est patiente & tranquille: & cette humilité est noble & élevée. C'est l'amour de Dieu qui fait le courage & la force des Chrestiens: c'est pourquoy ce courage saint ne sçauroit estre separé de la patience, de la douceur, de l'humilité. Comme au contraire c'est l'amour du monde qui fait le courage des mondains: c'est pourquoy ce courage profane ne sçauroit estre separé de l'orgueil, de l'aigreur, de l'impatience. Nous sommes donc obligez de prendre soigneusement garde à n'auoir point vne generosité humaine, vne generosité de Payens & de Philosophes, mais vne generosité qui vienne toute de l'esprit & de la grace de celuy qui a esté infiniment genereux dans ses infinis abaissemens; qui a esté fort dans les foiblesses dont il a voulu se revétir; qui n'a rien fait de lasche ny de foible, en souffrant les plus violens outrages, & cédant à la fureur de ses ennemis; qui a tousjours esté le lion victorieux de la tribu de Iuda, en se laissant conduire à la mort sans resistance, comme vn agneau qu'on veut immoler.

Les Chrestiens doivent plustost mettre leur courage & leur force à bien souffrir pour la verité, qu'à la bien deffendre. Nous deuons auoir vne extréme vigilance & vne entiere application à nous preparer aux humiliations & aux souffrances par lesquelles il est necessaire que Dieu nous éprouve, nous éclaire, nous purifie. Pour estre capables de souffrir tout a fait chrestiennement & saintement, il faut que nous nous appliquions par vne priere assiduë & auec vne extraordinaire exactitude à purifier nostre cœur, nos intentions, nos pensées; à n'auoir rien que de pur, que d'édifiant, que de chrestien, que de saint dans nos paroles & dans nos œuvres; à nous dégager de tous les interests, de toutes les prétentions de cette vie, de tout ce qu'il y à de plus secret, de plus imperceptible, de plus subtil dans les differentes cupiditez. Le don de la souffrance qui vient de I. C. comme le don de la foy, demande tant de pureté de cœur, tant de fidelité, tant de renoncement à soy mesme, tant de deffiance de ses propres forces, tant de vigilance sur l'engagement où l'on est à souffrir, & sur la conduite que l'on doit tenir en souffrant, que la moindre impureté de cœur, la moindre infidelité, le moindre attachement à soy mesme, la moindre vanité, la moindre présomption, le moindre relaschement la moindre négligence, le moindre respect humain, est capable de rendre ce don deffectueux & languissant; de luy oster la meilleure partie de son prix; & de nous le faire perdre tout à fait. Il faut lire & méditer le nouveau Testament pour prendre des lumieres, des forces, & des armes dans cette lecture, & cette méditation. Mais parmy tous les endroits de ce divin livre ie ne voy rien de plus propre à nous apprendre & à nous faire aimer à souffrir pour I. C. & pour sa iustice & sa verité, avec l'esprit, les sentimens, & les dispositions que nous le devons, que la premiere Epistre de S. Pierre. Elle contient admirablement & divinement toute la doctrine de la souffrance & de la Croix. On ne sçauroit la lire & la méditer avec pieté sans estre animé à souffrir pour I. C. C'est pourquoy ie vous exhorte à en faire vostre lecture & vostre meditation durant quelques iours.

Il faut que nous soyons préparez à souffrir de telle sorte que nous nous offrions à Dieu pour accepter tout ce qui se peut imaginer de plus
D. Cypri Epist 56. » fascheux, de plus violent, & de plus cruel. Quelle raison y a-t-il, dit S.
» Cyprien, que le serviteur ne veuille point souffrir, puis que son Sei-
» gneur à souffert le premier; de ne vouloir point souffrir pour nos pe-
» chez, puis que I. C. n'ayant point de pechez, qui luy fussent propres,
» à souffert neanmoins pour nous, comme s'il avoit esté pecheur? Le
» Fils de Dieu à souffert pour nous rendre enfans de Dieu: & le fils de
» l'homme ne veut point souffrir pour estre eternellement etably dans
» cette qualité divine.
» Courons par la patience, dit S. Paul, au combat qui nous est pro-
Aux Heb 12.1 2 &3. » posé, en regardant Iesus l'autheur & le consommateur de nostre foy;
» qui se proposant la gloire à supporté la Croix en méprisant la confu-
» sion & est assis à la droite de Dieu. Considerez attentivement ce Sau-
» veur qui à souffert pour des pecheurs vne telle contradiction contre
» soy-mesme: afin de ne vous point laisser abbattre, & de ne perdre
» point le courage dont vous avez besoin. Armez vous, dit l'Apostre S.
1. Epist de S. Pier. 4. 1. » Pierre, de la pensée des douleurs que I. C. à souffertes en sa chair. Il n'y à rien sans doute qui nous doive d'avantage fortifier que la consideration de ce Sauveur crucifié, & qui doive davantage vaincre la re-
D. Bernard. Serm. 61. in Cant 7. & 8. » pugnance que nous avons à souffrir. Ce divin chef, dit S. Bernard,
» veut estre regardé par celuy qui à le zéle de combattre sous sa conduite.
» Il veut qu'il léve les yeux vers ses playes: afin d'élever son ame par cét
» obiet, & de le rendre plus constant & plus fort à souffrir par son exemple.

ple. Mais il ne ſentira pas ſes propres peines, en regardât attentivement ,, les playes de ce Sauveur. Le Martyr demeure ferme eſtant dans la ioye ,, & dans le triomphe, encore que ſon corps ſoit couvert de bleſſures & ,, que les bourreaux d'écouvrent ſes entrailles par leurs ferremens. Il voit ,, couler abondamment ſon ſang, non ſeulement avec courage, mais ,, encore avec allegreſſe. Où eſt donc alors l'ame de ce Martyr? Elle eſt ,, en vn azyle aſſuré : elle eſt dans la pierre: elle eſt dans les entrailles de ,, I. C. ſes playes exposées & ouvertes luy en ayant donné l'entrée. Si ,, l'ame de ce Martyr s'arreſtoit dans ſes propres entrailles en les conſi- ,, derant, certainement il ſentiroit le fer; il ne ſupporteroit pas la dou- ,, leur; il ſuccomberoit, il renonceroit à la foy. Mais puis que cette ame ,, s'arreſte dans cette pierre divine qui eſt I. C. y a-t-il ſuiet d'admirer ,, qu'elle ſe ſoit endurcie comme la pierre? Il ne faut pas auſſi s'étonner ſi ,, l'ame eſtant comme ſortie du corps, n'en ſent plus les douleurs. Ce ,, n'eſt pas ſans doute l'inſenſibilité qui produit cet effet dans le Fidelle, ,, mais c'eſt l'amour. Il ne perd point le ſentiment : mais il le ſoûmet à la ,, raiſon & à la foy. Il n'eſt point exent de douleur : mais il la ſurmonte ,, & la mépriſe. ,,

Excitons nous encore à l'amour de la ſouffrance par ces excellentes paroles de S. Cyprien. Ne vous ébranlez point, dit-il, & ne vous ,, *D. Cypr. Ep. 68.* étonnez point, mes trés chers Freres, ſi dans quelques vns la foy lan- ,, guit & penche vers ſa ruine; la pieté eſt chancellante & tend à l'irreli- ,, gion; & l'eſprit de concorde & de paix eſt éteint. L'eſcriture prédit ,, que ces maux doivent arriver à la fin des ſiécles : & nous ſommes aver- ,, tis par le témoignage meſme de noſtre Seigneur & de ſes Apoſtres que ,, vers la fin du monde, & quand le regne de l'Antechriſt approchera, la ,, vertu & la iuſtice ſeront en leur declin, & que l'iniuſtice & la méchan- ,, ceté feront leur progrez. Neanmoins quoy que nous ſoyons dans ces ,, derniers temps, la vigueur evangelique n'eſt point tellement decheuë ,, dans l'Egliſe de Dieu, & la vertu chreſtienne & la foy ne ſont point ,, tellement tombées dans l'affoibliſſement & la langueur, qu'il ne reſte ,, vn nombre de Preſtres qui ne ſuccombent nullement par la ruine & la ,, deſolation que nous voyons, & pendant qu'il ſe fait tant de naufrages ,, en la foy, mais qui ſe conſervent dans leur force & leur fermeté, & ,, qui maintiennent avec vne vigilance pleine de la crainte de Dieu, ,, l'honneur que l'on doit à ſa divine Maieſté, & la dignité du Sacerdoce. ,, Nous nous ſouvenons & nous avons devant les yeux que Mathathias ,, vengea fortement la loy de Dieu, quoy que les autres de ſa nation ſuc- ,, combaſſent & cédaſſent à la violence : qu'Elie demeura ferme & com- ,, battit hautement pendant que les Iuifs manquoient à la fidelité qu'ils ,, devoient à Dieu, & abandonnoient la religion: que Daniel rendit ,, pluſieurs fois & genereuſement de glorieux témoignages à la verité, ,, ſans ſe mettre en peine de ce qu'on le retenoit dans vn païs étranger & ,, de ce qu'il eſtoit exposé à vne continuelle perſecution : que les trois ,,

„ ieunes hommes, sans estre abbatus ny par la foiblesse de leur âge ny par „ les menaces, demeurerent fidelles au milieu des flammes de Babylone, „ & surmonterent dans leur captivité vn Roy qui estoit victorieux. Que „ la multitude des prévaricateurs & des perfides qui s'élevent mainte- „ nant dans l'Eglise contre l'Eglise, & qui ont commencé de corrompre „ la foy & la verité, fasse tout ce qu'elle voudra: plusieurs ne laisseront „ pas de conserver la sincerité de leur ame & l'integrité de leur Religion, „ & ne seront dévoüez qu'à Dieu seul. La perfidie des autres ne sçauroit „ ruiner la foy chrestienne, quand elle est bien établie dans le cœur: „ mais elle l'anime plustost & la relève pour la mettre dans vn estat de „ gloire, selon cette parole de l'Apostre: Qu'arrivera-t-il, si quelques „ vns sont décheus de leur foy? Leur infidelité aneantira-t-elle la foy de „ Dieu? Eloignons nous de cette pensée: car Dieu est veritable & tout „ homme est menteur: & si tout homme est menteur, & qu'il n'y ait „ que Dieu qui soit veritable, que devons nous faire estant ses servi- „ teurs, & principalement estant ses Prestres, sinon d'abandonner les „ erreurs & les mensonges des hommes, & de demeurer fermes dans la „ verité de Dieu, en observant soigneusement ses preceptes?

Si Dieu nous est toutes choses comme il le doit estre aux veritables Chrestiens, que sçauroit-on nous ravir & que pouvons nous perdre, pourveu que nous conservions ce grand Dieu dans nostre cœur? Nous avons dit quand on nous à fait Ecclesiastiques, que le Seigneur est nostre part & nostre heritage. Si donc nous nous conduisons de telle sorte, que nous possedions le Seigneur, & que le Seigneur nous possede, selon l'avertissement que nous donne S. Hierôme, que devons nous craindre, & avec quelle seureté & quelle independance des hommes possedons nous nostre richesse & nostre tresor; nostre gloire & nostre grandeur; nostre repos & nostre souverain bien?

Vn seul homme, vn seul Prestre, vn seul Evesque qui seroit dans ce dégagement & dans cette independance des choses presentes, où nostre condition & les maximes de l'Evangile nous obligent d'entrer & de demeurer, seroit plus fort & plus puissant que toute vne multitude, que tout vn Royaume. Il feroit craindre ceux qui font trembler les autres. Il regneroit sur ceux qui régnent. Il seroit recherché par ceux à qui tous les autres hommes font la Cour. Il seroit devant les Roys de la terre ce qu'ont esté les Prophétes devant ces Roys infidelles & méchans qui estoient les fleaux du peuple de Dieu. Il seroit contre les adversaires les plus impetueux & les plus terribles de la verité & de la iustice, comme vne forteresse invincible, comme vne colomne de fer, comme vn mur d'airain, ainsi que fut le Prophéte Ieremie. Nous avons vn admirable exemple de ce que ie dis dans vne des plus belles & des plus glorieuses circonstances de la vie du grand S. Basile, qui est rapportée dans le Panegiryque excellent que S. Gregoire de Nazianze en à fait. Cét endroit de la vie de ce genereux Evesque est si éclattant &

ſi precieux ; eſt ſi aimable & ſi propre au temps où nous ſommes ; eſt ſi capable d'inſpirer à ceux qui le liſent, des ſentimens de confiance, de courage, & de fermeté, que ie ne puis m'empeſcher de le mettre tout entier en cette lettre : & ie m'aſſure que vous ſerez ravy de l'y voir. Voicy donc ce que raconte vn grand Saint d'vn autre grand Saint, avec lequel il n'avoit eu qu'vn cœur & qu'vne ame.

Gre. de Naz. Orat. 25 circa medium.

Vous ſçavez l'hiſtoire des premieres entrepriſes de l'Empereur con- »
tre l'Egliſe & contre ſa doctrine, deſquelles il eſt difficile de ſe ſouve- »
nir & d'entendre parler, ſans en eſtre touché iuſques aux larmes. Ce »
Prince, aprés avoir parcouru tout ſon Empire, vint avec ardeur & im- »
petuoſité en cette ville, qui eſt la mere des autres Egliſes de la Pro- »
vince, & qui eſt ſi recommandable par ſa fermeté & ſa foy qui n'ont »
point encore eſté violées. Il y vint à deſſein de l'aſſuiettir à ſa tyrannie, »
& d'éteindre l'étincelle vivante de la verité qui ſeule y reſtoit encore. »
Alors il reconnut pour la premiere fois qu'il avoit pris vn mauvais con- »
ſeil, n'ayant point encore trouvé de reſiſtance ailleurs. Car il fut re- »
pouſsé comme vne fléche que l'on iette contre quelque choſe de fort »
ſolide & de fort dur : & il fut contraint de ſe retirer, ſe voyant comme »
vn navire dont la tempeſte à rompu les cordages & les mas. Il rencon- »
tra l'excellent Eveſque de cette Egliſe qui luy fut comme vn écüeil con- »
tre lequel il ſe briſa & ſe mit en piéces. On peut apprendre toutes les »
choſes qui ſe paſſerent alors par ceux qui les ont eſcrites & qui les ont »
veuës. Mais ils admirent tous, les combats qu'il fallut que ce S. Prelat »
ſouſtint, & les attaques, les promeſſes, les menaces dont il eut beſoin »
de ſe defendre. On employa des perſonnes de toute ſorte de condi- »
tion pour le gagner. On luy envoya des Magiſtrats qui firent tous leurs »
efforts pour le perſuader & pour le fleſchir : on luy envoya des offi- »
ciers de guerre : on luy envoya des Eunuques de la Cour : on luy en- »
voya le chef des officiers de la bouche de l'Empereur qui le ménaça de »
le poignarder. Mais ce que ie trouve de plus admirable, & ce qu'il »
me ſeroit impoſſible de paſſer, quand ie le voudrois, c'eſt le courage »
qu'il fit paroiſtre dans l'occaſion que ie vais raconter. Qui eſt-ce qui ne »
connoiſt pas cét homme qui eſtoit noſtre Gouverneur ; qui nous trait- »
toit avec tant de fierté ; qui eſtoit ſoûmis aux volontez de l'Empereur, »
beaucoup plus qu'il ne le devoit eſtre ; & qui conſerva ſa puiſſance & ſa »
faveur ſi long temps par la complaiſance qu'il avoit pour ce Prince en »
toutes choſes ? Ce Prélat genereux & intrepide fut mené à cét homme »
qui eſtoit en fureur contre l'Egliſe ; qui avoit vne mine de lion ; qui ru- »
giſſoit comme vn lion ; qui eſtoit ſi terrible que beaucoup de gens ne »
l'oſoient aborder. Et il alla vers cét homme avec la meſme liberté que »
ſi on l'euſt mené à vne feſte au lieu de le mener devant vn Iuge. Mais »
comment pourrois-ie dignement repréſenter ou l'audace de ce Gou- »
verneur, ou la fermeté ſi accompagnée de prudence qui parut en ce »
Prelat ? Pourquoy, luy diſt cét homme (en l'appelant par ſon nom, »

» parce qu'il n'avoit point encore voulu l'appeler Evesque) avez vous
» la hardiesse de resister à vne puissance comme est celle de l'Empereur,
» & d'estre le seul qui vous opposiez opiniastrément & insolemment à
» luy ? Pourquoy luy répondit ce genereux Evesque me traitez vous de
» la sorte ? Quelle est cette obstination & cette insolence dont vous m'ac-
» cusez ? Car ie vous avouë que ie ne la reconnois pas encore. C'est re-
» pliqua ce Gouverneur, parce que vous ne voulez pas embrasser la re-
» ligion de l'Empereur, aprés que tous les autres Evesques se sont soûmis
» & ont esté vaincus. Ie ne le puis, repartit Basile, parce que i'ay vn au-
» tre Empereur qui me le deffend, & qu'il ne m'est pas permis d'adorer
» aucune creature ayant esté moy mesme crée de Dieu, & estant appelé
» moy mesme à participer à sa grandeur, selon cette parole; Vous serez
» comme des Dieux. Qui pensez vous donc que ie sois, répondit le Gou-
» verneur. Rien certainement, reprit Basile, pendant que vous vserez
» de vostre autorité comme vous faites. Quoy, dit le Gouverneur, n'e-
» stimez vous pas que ce soit vne chose grande & glorieuse d'estre dans
» vn rang comme ie suis, & d'avoir vne dignité semblable à la mienne ?
» Basile repondit à cela : A la verité, vous estes le chef & le Gouverneur
» de la Province, & vous estes dans vn des plus illustres rangs de l'estat :
» i'en demeure d'accord. Mais vous n'estes nullement dans vn degré qui
» vous éleve au dessus de Dieu Ce m'est certainement vn grand honneur
» de vous avoir pour égal & pour compagnon Mais comment ne se-
» rions nous pas egaux, puis que nous sommes creatures de Dieu vous &
» moy ? Plusieurs neanmoins de ceux qui nous sont inferieurs ont avec
» nous la mesme égalité que nous avons ensemble. Car ce n'est point par
» la qualité des personnes, mais par la foy que l'on à le caractere du
» Christianisme qui fait la plus grande & la plus glorieuse égalité qui
» puisse estre entre les hómes. Ce Gouverneur estant émeu de ce discours,
» & estant enflammé de colere se levant de son siege continua de parler
» encore plus aigrement qu'il n'avoit fait. Quoy, dit-il, ne craignez vous
» point ma puissance ? Pourquoy la craindrois-ie, répondit Basile ? Que
» m'arrivera-t-il ? Que souffriray-ie ? Ce que vous souffrirez, repartit le
» Gouverneur ? Vn seul de tous les maux qui sont en ma puissance peut
» suffire pour vous accabler. Qui sont ces maux, dit Basile ? Ie vous prie
» de me les apprendre. C'est, repartit le Gouverneur, la privation de
» tous vos biens, l'exil, les tourmens, la mort. A quoy Basile répondit :
» Declarez moy s'il y a quelques autres peines dont vous me puissiez me-
» nacer : car quand à celles que vous venez de dire, il ny en à pas vne
» qui soit capable de me toucher. Comment, dit le Gouverneur, pou-
» vez vous estre insensible à tous ces maux ? Premierement, répondit
» Basile, parce que celuy qui n'a rien n'est point en estat de craindre
» qu'on le dépoüille de ses biens, si ce n'est peut estre que vous ayez be-
» soin de ces habillemens vsez & déchirez que ie porte, & de quelque
» petit nombre de livres dans lesquels consiste toute ma richesse & toute
ma

ma vie. Quand à l'exil ie ne sçay point de lieu où ie puisse estre banny, n'establissant ma demeure fixe nulle part, ne regardant point comme mon pays celuy que i'habite maintenant, & considerant quelque pays que ce soit où ie pusse estre chassé, comme le mien. Ou plustost ie regarde également toute la terre comme vne region qui appartient à Dieu; qui n'est point la mienne, & dans laquelle ie ne suis qu'estranger & que voyageur. Quant aux tourmens dont vous me menacez, comment en pourrois-ie estre capable, lors que mon ame sera degagée du corps? Ce ne sçauroit donc estre que de la premiere playe par laquelle vous m'osterez la vie que vous me pouvez menacer: car il n'y a que celle là seule qu'il soit en vostre pouvoir de me faire sentir. Pour ce qui est de la mort ie la regarde comme vn bien fait, puis qu'elle me fera plustost aller à Dieu pour lequel seul ie vis & ie fais ma charge. Et ie dois estre déia mort par la principale partie de moy mesme, en ne vivant qu'à celuy auquel ie desire il y a long temps d'estre parfaitement vny.

S. Basile estoit d'une complexion si foible qu'il n'auroit pû resister aux tourments en sorte que la premiere torture eust esté capable de le faire mourir.

Le Gouverneur estant épouventé de ce discours, luy repliqua: Personne iusqu'à maintenant, ne m'a parlé de cette sorte, ny avec vne telle liberté. C'est, luy répondit Basile, parce que peut estre vous n'avez pas encore rencontré d'Evesques, veu qu'il est certain que tout veritable Evesque, ayant eu à se deffendre contre vous sur le suiet que vous m'en donnez, vous auroit parlé de la mesme sorte que i'ay fait. Car en toutes les autres rencontres nous sommes dous & patiens & nous nous abbaissons devant toutes sortes de personnes, comme les commandemens de nostre Maistre nous y obligent. De sorte que nous sommes fort éloignez de nous élever, non seulement contre vn Prince aussi grand qu'est nostre Empereur, mais mesme contre qui que ce soit avec qui nous ayons à traiter. Mais quand il s'agit de Dieu, & que sa cause & sa verité sont en peril d'estre opprimées, alors ne faisant nul cas de toutes les choses du monde, nous ne regardons que luy seul. De maniere que les feux, les espées, les bestes sauvages, les ongles de fer avec lesquels on met la chair en piéces, & tous les instrumens de la cruauté des hommes, ne sont point capables de nous épouventer: & nous nous y figurons plustost des delices que nous n'en avons de l'effroy. Chargez nous donc d'outrages & de calomnies: menacez nous: faites nous souffrir tous les maux que vous voudrez: employez contre nous vostre puissance avec vne pleine liberté. Rapportez à l'Empereur tout ce que ie viens de vous déclarer: vous ne me surmonterez pas pour cela & vous ne me persuaderez nullement de consentir à l'impieté, quand mesme vous me feriez encore des menaces beaucoup plus horribles, s'il estoit possible, que toutes celles que vous m'avez faites.

Aprés que cét entretien fut achevé, & que ce Gouverneur eut appris par luy mesme quelle estoit la fermeté de ce genereux Prelat, & qu'il eut reconnu que rien ne pouvoit l'épouventer ny le vaincre, il le

» renvoya. Mais ce ne fut plus en luy parlant avec des menaces : ce fut » plustost avec soûmission & respect, en témoignant qu'il avoit honte de » ce qu'il luy avoit dit. Et allant aussi tost trouver promtement l'Empe- » reur ; il luy parla de cette sorte : Seigneur, il faut reconnoistre que nous » sommes vaincus par cét Evesque, auquel vous m'avez envoyé. Cét » homme est au dessus de toutes les menaces : il est plus fort que toutes » nos paroles : il est inflexible à tout ce que nous pouvons mettre en vsage » pour le persuader. C'est envers quelqu'vn de ceux qui sont lasches qu'il » faut tenter les moyens que nous avons employez iusques icy. Mais » pour celuy là il faut vser ouvertement de la force · & il ne faut point » s'attendre qu'il se laisse fléchir par des menaces. Ce discours reduisit » l'Empereur à comdamner luy mesme la conduite qu'il avoit tenuë en- » vers ce S. Evesque ; à se laisser vaincre par cette vertu qui meritoit tant » de loüanges, & qui estoit admirée mesme de ses ennemis ; & à deffen- » dre qu'on employast desormais aucune violence contre luy. Mais ce » Prince ne devint pas meilleur par ce changement : & il ne luy arriva que » ce qui arrive au fer que le feu amolit sans luy faire changer de nature. » Quoy qu'il eust converty ses menaces en des admirations, il ne cher- » cha pas neanmoins davantage à communiquer avec ce S. Prelat, & à » se lier avec luy, ayant honte de paroistre changé. Mais il tascha pour- » tant de se iustifier auprés de luy & de le traiter avec respect & avec » honneur.

Voila comme vn seul Evesque, quand il à la sainteté, le courage, le desinteressement, l'intrepidité qui appartiennent à son caractere peut domter la fureur des grands & des Roys, & peut faire céder à son autorité & à sa vertu vne colere qui donne de la terreur aux autres hommes, & vne puissance à laquelle toutes les autres ont accoustumé d'estre soûmises. Vn Auteur de l'Eglise Grecque qui à fait quelques Eloges de S. Basile s'addresse en ces termes à ce Gouverneur si puissant & si formidable que S. Basile eut la force d'adoucir & d'humilier par sa ge-

Cyrus Theod. Prodrom. » nereuse resistance : A la verité tu es au dessus de tous les autres par ta di- » gnité, tu es neanmoins soûmis au grand Evesque Basile : quoy que tu » regardes tous les autres hommes comme tes inferieurs, ce Prelat te fait » neanmoins éprouver qu'il est ton Superieur & ton maistre. Tu n'es » qu'vne fourmy devant luy, quoy que tu rugisses comme vn lion.

On ne manqueroit pas d'exemples de courage & de fermeté semblables à celuy de S. Basile, si l'on vouloit les chercher dans l'histoire de l'Eglise : & la generosité constante & inébranlable pour la iustice & la verité à tousiours esté vne des plus remarquables vertus des saints Evesques.

Si nous avons à combattre, souvenons nous tousiours que c'est sous Iesus-Christ que nous combattons ; qu'il est nostre chef nostre deffense, nostre force ; que le combat où nous sommes engagez pour sa doctrine n'est pas vn combat charnel & humain, vn combat où les ar-

mes des hommes & de la chair soient requises, mais vn combat celeste & spirituel où l'on n'a besoin que des armes du Ciel, que des armes de l'esprit; que des armes de la foy, de l'esperance, & de l'amour. Souvenons nous que ce combat n'est point le nostre, mais le combat de I. C. que c'est luy qui combat & qui surmonte en nous, & si nous avons à combattre, ne regardons point la peine du combat, mais seulement la gloire de la couronne, selon ces excellentes paroles de S. Cyprien D. Cypr.
par lesquelles il finit vne de ses plus belles lettres. *Miles christi præceptis* „ Epist. 56.
eius & monitis eius eruditus, non expavescit ad pugnam, sed paratus est „
ad coronam. „

Il faut que nous demandions à Dieu de tout nostre cœur qu'il fortifie ceux qui souffrent, & qu'il éclaire ceux qui font souffrir. Car par ce moyen on souffrira saintement, & on ne persecutera pas long temps.

Vn des plus grands suiets que nous ayons de gemir est cette estrange dureté, & cette incroyable obstination avec laquelle nous voyons que ceux qui seroient obligez d'avoir en eux la lumiere de la verité & de la montrer aux autres la reiettent pour les autres & pour eux mesmes quand on la leur montre. Ils se ferment les yeux pour ne la point voir. Ils se bouchent les oreilles pour ne point entendre les veritez qui leur seroient les plus necessaires. Ils ne peuvent souffrir qu'on éclaircisse & qu'on examine les choses. Ils veulent opprimer la raison & la iustice par la passion & la violence. Ils veulent supprimer ce que l'on escrit de plus convainquant & de plus clair. Ils ne veulent point que l'on instruise les hommes, & que l'on satisface aux difficultez & aux doutes qu'on a excitez contre la doctrine la plus orthodoxe. Ils veulent avoir la liberté de tout dire, & de tout escrire, de tout faire contre ceux qui ne sont pas de leur sentiment: & ils veulent les reduire à la necessité de ne se pouvoir deffendre & de ne pouvoir estre écoutez. Ils se servent de la puissance des grands, & de l'autorité des Magistrats pour empescher la publication des deffenses les plus equitables de leur freres. De sorte qu'ils meriteroient qu'on leur dit ce que disoit autrefois vn des plus anciens Auteurs de l'Eglise aux Infidelles qui faisoient brusler tous les livres qui n'estoient pas favorables à leurs superstitions. Si vous estes tant „ Arnob. lib.
asseurez de ne rien dire que de certain & d'indubitable sur le suiet de vô- „ 1. cont. gent.
tre creance, convainquez d'erreur, ceux qui ont écrit contre vous. Re- „
futez, montrez, décriez par vos écrits ce qu'il y a de temeraire & d'im- „
pie dans leurs ouvrages, au lieu de les supprimer comme vous faites: „
car saisir ainsi les escrits de vos adversaires pour en empescher la publi- „
cation, & vouloir de cette maniere en interdire la lecture, ce n'est pas „
deffendre vostre cause, mais c'est craindre le témoignage de la verité. „
Sans doute cette conduite est tout à fait honteuse & tout à fait odieuse: & il n'y a rien parmy toutes les iniustices qu'on exerce, qui demande plus de patience. Que de personnes seroient éclairées & seroient instruites

si les innocens avoient autant de liberté de se deffendre, que leur adversaires ont de liberté de les charger de calomnies! & qu'il y a d'erreurs de tenebres, d'illusions dans ce siecle, qu'on dissiperoit par l'instruction avec la mesme facilité que les foibles nuages sont dissipez par les rayons du Soleil! Entre ces illusions il y en a vne qui commence à s'établir dans l'esprit de diverses personnes sur le suiet de la deference & de l'obeïssance que l'on doit aux Superieurs laquelle peut engager à d'étranges égaremens, à d'epouventables lascheтez, à des complaisances fort criminelles. Car comme l'infaillibilité n'est pas dans les hommes il peut arriver qu'vn superieur proposera de fort mauvaises choses, & cependant, dans les principes de ces personnes, on ne laissera pas d'estre obligé de se soûmettre sans discernement. Ie prie Dieu qu'il delivre ce siécle de cette erreur si pernicieuse. C'est vne de celles sur lesquelles on a moins la liberté d'instruire, & sur lesquelles on à plus d'aversion d'estre instruit quand on l'à vne fois embrassée par des motifs de pieté. Si l'on consultoit l'ancienne doctrine & les sentimens des SS. Peres de l'Eglise, on n'auroit pas besoin de recevoir de nouveaux avertissemens la dessus. Ie vous envoye ceux de S. Bernard sur ce suiet, que ie vous prie de communiquer aux personnes que vous penserez en avoir besoin.

LES SENTIMENS DE S. BERNARD sur l'obeïssance qu'on est obligé de rendre aux Superieurs, & sur le discernement qu'on doit faire de ce qu'ils commandent, tirez de sa VII. Lettre.

» LE Seigneur ioindra avec les méchans ceux qui se détourneront » de la droite voye, par les pretextes de leurs obligations: & » afin que personne ne prétende que l'obeïssance que l'on ren- » droit aux superieurs dans les choses mauvaises, puisse exenter de ce » malheur, écoutez comme Dieu dit ailleurs plus ouvertement. Le Fils » ne se chargera point de l'iniquité de son pere: & le Pere ne se chargera » point de l'iniquité de son fils. Il est donc tout manifeste par ces paroles » qu'il ne faut point obeïr à ceux qui commandent de mauvaises choses, » veu principalement qu'en obeïssant à des commandemens iniustes, » vous desobeïssez tout à fait à Dieu qui à défendu ce qui est mauvais, en » rendant vostre obeïssance à vn homme. Or c'est vne grande iniustice » de faire profession d'obeïr lors qu'il est visible que vous méprisez le Superieur

Superieur pour l'inferieur : c'est à dire que vous abandonnez la soûmission que vous devez à la volonté divine, pour vous accommoder à la volonté humaine. Quoy ! Lors que l'homme commande, & que Dieu deffend feray-ie attentif à la voix de l'homme, & feray-ie sourd à la parole de Dieu ? Les Apostres n'en ont pas vsé de la sorte puis que nous voyons qu'ils disent : Il est meilleur d'obeïr à Dieu qu'aux hommes. C'est pourquoy N. S. reprenant les Phariſiens dans l'Evangile leur dit : Pourquoy transgressez vous les commandemens de Dieu, à cause de vos traditions ? Et il dit par le Prophéte Isaïe : Ils me rendent vn culte vain & trompeux en obseruant les commandemens & les doctrines des hommes. Et Dieu dit à nostre premier Pere : Parce que vous auez obeï à la parole de vostre femme plustost qu'à moy la terre est maudite dans vostre travail. Il est donc constant que de faire le mal, qui que ce soit qui le commande, ce n'est pas vne obeïssance, mais plustost vne desobeïssance.

Il faut obseruer qu'il y a des choses qui sont purement bonnes, & qu'il y en à d'autres qui sont purement mauvaises, & en ces dernieres on ne doit nulle obeïssance aux hommes, parce qu'il est certain qu'il ne faut iamais omettre le bien, mesme lors qu'on le deffend, & qu'il ne faut iamais commettre le mal, lors mesme qu'on le commande. Or entre les choses qui sont purement bonnes, & celles qui sont purement mauvaises, il y en a de moyennes, qui peuvent estre bonnes ou mauvaises selon la maniere, le lieu, le temps, les personnes. Et la loy de l'obeïssance est attachée à ces choses comme à l'arbre de la ſçience du bien & du mal qui estoit au milieu du Paradis. Certainement eu ces choses il n'est pas permis de préferer nostre sentiment à celuy de nos superieurs. Dans ces choses il ne faut pas méprisér ny leur commandement ny leur deffense.

A cause que vous pourriez oppoſer au commandement de vostre Abbé & de vostre Evesque l'autorité du Pontife Romain comme vne autorité de plus grand poids, puis que l'on dit que vous avez esté munis de sa permission, Il faut que ie produise plustost vne autorité à laquelle il ne soit point permis de contredire. Nous ſçavons que ce Pontife souverain qui est entré seul, & vne seule fois par son propre sang dans le sanctuaire, aprés avoir fait nostre redemption pour touiours, deffend dans l'Evangile par des paroles terribles d'avoir l'audace de scandalizer le moindre des enfans de Dieu. Ie consens que l'on vous pardonne le scandale d'vn seul, si le mal n'a point passé plus avant. Ie veux bien que l'on soit facile à pardonner vne faute qui n'est pas suivie d'vn dommage fort considerable. Mais puis qu'on n'a pas lieu de douter que plusieurs n'ayent esté scandalisez par vostre conduite, qui ne voit manifestement combien vous avez esté cruel de préferer le commandement des hommes à celuy de Dieu ? Et qui oseroit dire à moins que d'estre privé de raison que c'est vne bonne chose d'avoir eu l'auda-

„ ce de se resoudre à cette préferance, ou que cette préferance puisse devenir bonne, de quelque dignité que soit l'homme qui fait ce commandement? Or il est sans doute que ce qui n'est point bon & ce qui ne peut estre bien fait, est absolument mauvais.

„ Comment donc, ou le commandement de vostre Abbé ou la permission du Pape a-t-elle pû rendre licite ce qu'on à invinciblement prouvé avoir esté mauvais, puisque ie vous ay montré que les choses qui sont de cette nature, c'est à dire purement mauvaises, ne peuvent iamais estre commandées iustement, ny faittes licitement? Ne voyez vous pas combien est vaine l'excuse que l'on peut prendre sur l'obligation d'obeïr aux hommes, lors que l'on montre qu'on a esté desobeïssant à l'égard de Dieu? Et ie ne pense pas deuoir craindre que vous ayez recours à cette reponse que N. S. fit lors qu'on luy parla du Scandale des Pharisiens, ensorte que comme ie n'en faisois nul estat en disant: Ne les considerez point ce sont des aveugles qui conduisent d'autres aveugles, ainsi l'on ne doit pas craindre les scandales qui nous ariuent. Ne voyez vous pas qu'il n'y a rien de semblable dans l'affaire dont il s'agit. Car, si vous comparez les personnes, c'estoient alors des Pharisiens superbes dont N. S. disoit que l'on devoit mépriser les scandales; mais ce sont les pauvres de Iesus-Christ que l'on scandalise? Si l'on considere la cause du scandale, à l'égard des Pharisiens, elle estoit légere; mais dans l'occurrence presente il est visible que c'est de la verité dont il s'agit, & que c'est à l'égard de cette verite que les scandales arrivent.

„ Ne vous fiant pas à vostre propre cause vous vous estes efforcez de flatter & d'appaiser vos consciences dont les remords & les reproches vous tourmentoient, par la permission du S. Siége Apostolique! O que ce remede est frivole, & qu'il est semblable à ces feuilles de figuier dont se servirent nos premiers parens pour couvrir leur honte aprés qu'ils se furent rendus coupables? Certainement ce moyen quelque specieux qu'il soit, n'est que pour cacher vostre peché & non pas pour le guerir. Nous auons demandé la permission du Pape, disent-ils, & nous l'avons obtenuë. Pleust à Dieu que vous n'eussiez point demandé permission, mais Conseil, c'est à dire que vous n'eussiez pas demandé que l'on vous permit ce que vous auez fait. Mais s'il vous estoit permis de le faire avant qu'on vous en donnast la permission, pourquoy demandiez vous cette permission. N'estoit-ce pas afin que l'on vous permist ce qui ne vous estoit pas permis. Tellement que vous vouliez faire ce qui ne vous estoit pas permis. Or ce qui n'est pas permis est mauvais. Vostre intention estoit donc mauvaise, puis qu'elle tendoit au mal, si ce n'est peut estre qu'on veüille dire que la chose estoit telle qu'à la verité elle n'auroient pas esté licite sans permission, mais qu'elle le deuoit estre si on la faisoit auec permission. Mais i'ay déia détruit cette pensée par vne raison invincible. Car N. S. ayant dit. Ne meprisez point vn seul de ces petits qui croyent en moy, n'a pas aiouté : si ce n'est avec permission : ou lors qu'il a dit : Celuy qui aura scandalisé vn seul des petits qui m'appartiennent, n'a pas aiouté : sans permission. Il est donc constant que lors qu'vne verité, & vne verité necessaire n'est point la cause & l'occasion d'vn scandale; il ne peut estre fait legitimement par qui que ce soit, & qu'on ne le sçauroit commander auec iustice ny y consentir innocemment. Cependant vous avez pensé qu'il falloit demander la permission de commettre le mal que vous auez fait : mais pourquoy auez vous eu cette permission ? A-ce esté afin de pecher auec d'autant plus de seureté que vous pecheriez auec plus de permission, & avec d'autant plus de peril que vous pecheriez auec plus de seureté ? Voila vne merveilleuse precaution, & vne prévoyance admirable. On a eu soin de ne faire qu'avec permission le mal qu'on auoit déia conceu dans le cœur. Ils ont conceu la douleur mais ils n'ont point enfanté l'iniquité iusqu'à ce que le Pape ait donné son consentement à leur mauvais dessein. Quel avantage peuvent-ils avoir tiré de cette conduite, ou du moins quelle diminution cela peut il avoir apporté au mal qu'ils ont fait. Le mal a-t-il cessé d'estre mal, ou est-il devenu moindre à cause que le Pape là permis ? Or qui peut nier que c'est vn mal de consentir au mal ! Toutefois ie ne croyray iamais que le souverain Pontife ait donné cette permission, si ce n'est ou pour auoir esté circonvenu par le mensonge, ou pour s'estre laissé vaincre par l'importunité. Car comment seroit-il possible autrement qu'il vous donnast la permission de sémer des scandales; d'exciter des divisions & des Schismes, de contrister vos amis de troubler la paix de vos freres de mettre la confusion où deuoit estre l'vnité ? Consentir à des maux tels & aussi grands que ceux que i'ay répresentez, s'y accommoder & s'y soûmettre, les favoriser & y donner aide, vous osez appeler cela vne obeissance, vne modestie, vne douceur. Employez vous vos efforts à déguiser les plus pernicieux vices par les noms des vertus ? Et pensez vous faire ainsi iniure aux vertus sans faire iniure au Seigneur mesme des vertus ? Vous couvrez vne tres-vaine présomption, vne tres-honteuse legereté, vne tres-cruelle division, par le nom d'obeissance, de modestie & de douceur : & vous profanez ainsi ces noms sacrez en les employant à cacher des vices honteux. Ie ne porteray iamais d'envie à vne pareille obeissance. Ie souhaitte de n'avoir iamais la pensée d'imiter vne telle modestie, qui ne sçauroit produire que de la peine & de l'affliction. Ie souhaitte de me bien éloigner de cette douceur. Vne semblable obeissance est certainement pire que toute sorte de mépris. Cette modestie est au delà de toutes sortes d'excés.

Ie prens vostre conscience à témoin. Estes vous sorty du monastere où vous estiez par vostre volonté ou malgré vous ? Si c'est malgré vous, il paroist que vous auez eu pour suspect vn commande-

„ ment auquel vous auiez de la peine à obeïr : & lors qu'vne chose est „ suspecte il est necessaire de l'examiner. Mais pour donner vne preuve „ de vostre patience, & afin de l'éprouver vous mesme, sans rien examiner, vous auez souffert qu'on vous ait entraisné, non seulement „ contre vostre volonté, mais encore contre vostre conscience. O patience tout a fait insupportable. Ie confesse que ie ne puis ne me „ point fascher contre cette patience si opposée à la paix. Vous voyez „ vn homme qui dispersoit vne communauté, & vous le suiuiez. Vous „ écoutiez vn homme qui vous portoit à faire des scandales, & vous „ luy obeïssiez. La veritable patience est de souffrir ou de faire quelque chose contre ce qui nous plaist, & non pas contre ce qui nous „ est permis. I'admire que vous ayez écouté vn homme qui vous inspiroit en cachette le dessein que vous auez pris, & que vous n ayez „ pas écouté Dieu qui vous crioit à haute voix comme par vn coup de „ tonnerre envoyé du Ciel : Malheur à celuy par qui le scandale arriue. „ Et non seulement la voix du Seigneur, mais son Sang mesme crioit „ d'vne maniere vehemente & terrible, quoy que ce cry ne rencontrast que des sourds. son cry est vn épanchement. Ce precieux Sang „ ayant esté épanché pour vnir ensemble les enfans de Dieu qui estoient „ dispersez, crioit iustement contre ceux qui les dispersent. Celuy qui „ n'a point d'autre dessein que de ramasser & de réünir les Fidelles, „ hait sans doute ceux qui les dispersent. Ce n'est pas à moy, direz „ vous, à examiner la faute des superieurs. C'est à celuy auquel il ne „ m'est pas permis de contredire, à prendre garde à ce qu'il commande „ Le disciple n'est point pardessus le maistre. Ie m'attachois à luy pour „ en estre instruit, & non pas pour entreprendre de l'instruire. I'ay deu „ suivre, & non pas preceder celuy qui me doit conduire. O que cette simplicité semblable à celle de Paul le simple seroit loüable „ en ce temps, si vous auiez eu à obeïr à vn autre Antoine : en sorte „ que vous n'eussiez eu aucun besoin d'examiner nulles paroles qui „ seroient sorties de sa bouche, & que vous eussiez pû obeïr sans hesiter & sans retarder à tout ce qu'il auroit pû vous commander. Que „ ce Religieux est obeïssant auquel il n'échape pas vn seul mot de tout „ ce que luy disent ses superieurs. Il ne considere point qu'ellles sont „ les choses qu'on luy commande, & son obeïssance ne souffre point „ de retardement. S'il faut obeir de cette maniere, c'est en vain que „ nous lisons dans l'Eglise, ces paroles de l'Apostre : Examinez toutes choses & obseruez celles qui sont bonnes. S'il faut obeïr de cette maniere, effaçons ces paroles de nostre Seigneur qui sont dans „ l'Evangile : Soyez prudens comme des serpens : parce que les paroles qui suivent nous suffiroient : soyez simples comme des colombes.

„ Ie ne dis pas qu'il faille pour cela que les inferieurs examinent les

inferieurs

commandemens de leurs Superieurs, lors qu'on ne voit pas qu'ils commandent rien de contraire à la Loy de Dieu. Mais ie maintiens qu'il est necessaire d'avoir de la prudence & du discernement, afin que l'on connoisse s'il y a quelque chose d'opposé à la droite voye, & d'avoir vne liberté chrestienne pour mépriser genereusement tout ce qui se trouve n'estre pas conforme à la justice? Mais celuy qui se veut iustifier persiste peut estre à dire : Ce n'est pas à moy à rien examiner de ce qu'on m'ordonne ; c'est à celuy qui commande à considerer quel est son deuoir. A quoy ie réponds : Dites-moy, ie vous prie, si l'on vous auoit mis entre les mains vne épée & qu'on vous eust commandé de vous couper la gorge, auriez vous obeï! ou si l'on auoit voulu que vous fussiez jetté dans vn feu ou dans l'eau, auriez vous suiuy cette volonté?

Si vous n'ignorez point ce que l'on peut dire contre vne obeïssance de la qualité de la vostre, pourquoy ne tremblez vous pas. Que si vous tremblez, comment ne vous hastez vous pas de vous corriger? Que si vous n'y pensez pas, quelle conscience portez vous au terrible Tribunal de Dieu, où le Iuge n'a pas besoin de témoin, où la verité examine les intentions; où l'on recherche les fautes iusqu'au plus profond du cœur, où les yeux de Dieu penetrent ce qu'il y a de plus secret dans les ames, & devant lequel elles exposent tous les biens & tous les maux qu'elles cachoient. Ce sera devant ce Tribunal que ceux qui font le mal & ceux qui y consentent seront punis d'vne semblable peine. Les voleurs & les compagnons des voleurs receuront vne mesme condamnation. Les pecheurs qui flattent & les pecheurs qui sont flattez, subiront le mesme iugement.

Continüerez vous donc à me dire : En quoy cela me regarde-t-il? C'est au Superieur à y penser. Touchez de la poix, & dites : Ie n'en ay point esté gasté. Mettez du feu dans vostre sein, & vantez vous de n'en estre point brûlé. Mettez vostre part auec les adulteres, & imaginez vous que cela ne vous sçauroit nuire. Le Prophete Isaïe est dans vn sentiment tout contraire. Car il se reprent soy-mesme, & non seulement parce qu'il est impur, mais encore parce qu'il est dans la compagnie des impurs. Ie suis, dit-il, vn homme dont les lévres sont soüillées : & j'habite au milieu d'vn peuple dont les levres sont pareillement impures. Or ie ne craindrois pas de dire qu'il se reprend non pas simplement, parce qu'il demeuroit parmy des méchans, mais parce qu'il n'auoit point repris leurs mauvaises actions : car il dit : Malheur à moy parce que ie suis demeuré dans le silence. Et comment auroit-il esté dans la disposition de faire de mauvaises actions comme les autres, puis qu'il se reprent de n'avoir pas repris dans les autres leur méchanceté. Voyons encore comme parle David, n'estimoit-il pas qu'il pouvoit estre soüillé

I

» par la contagion du peché des autres, en disant : Ie ne communi-
» queray point auec ceux qui commettent l'iniquité. Est-il dit ailleurs:
» Seigneur, delivrez moy des pechez qui me sont cachez, garan-
» tissez vostre seruiteur des pechez des autres. C'est ce qui luy a fait
» éviter soigneusement la communication des méchans aux pechez des-
» quels il ne vouloit point auoir de part : car il dit : Ie ne me suis point
» assis dans l'assemblée de vanité : & ie n'entreray iamais auec ceux
» qui font des choses iniques. Il dit encore : Ie hay l'assemblée des
» méchans, & ie ne m'arresteray point parmy les impies. Enfin con-
» siderez ce conseil du Sage : Mon fils, encore que les pecheurs
» vous flattent & vous carressent, ne vous accommodez point à leur
» sentiment.

» Comment donc auez vous pensé contre ces témoignages de la
» verité & contre tant d'autres sans nombre, qu'il fallust obeïr à
» qui que ce fust ? O que ce déréglément est odieux ! Doit-on em-
» ployer contre la verité la vertu de l'obeïssance qui ne doit iamais
» estre employé que pour la verité.

www.ingramcontent.com/pod-product-compliance
Lightning Source LLC
LaVergne TN
LVHW021638170726
843501LV00007B/2297

* 9 7 8 2 3 2 9 6 1 6 5 9 9 *